新知图书馆
第二辑

20个自然
NATURE
科学实验

【美】阿维娃·埃布内/著　　刘雅玲　刘淑华/译

上海科学技术文献出版社
Shanghai Scientific and Technological Literature Press

图书在版编目（CIP）数据

20个自然科学实验／（美）阿维娃·埃布内著；刘雅玲，刘淑华译．—上海：上海科学技术文献出版社，2019
ISBN 978-7-5439-7881-2

Ⅰ.①2… Ⅱ.①阿…②刘…③刘… Ⅲ.①科学实验—初中—教学参考资料 Ⅳ.① G634.73

中国版本图书馆 CIP 数据核字 (2019) 第 074837 号

Experiments for Future Scientists: Physical Science Experiments
Text and artwork copyright © 2011 by Infobase Learning

Copyright in the Chinese language translation (Simplified character rights only) © 2019 Shanghai Scientific & Technological Literature Press

All Rights Reserved
版权所有，翻印必究

图字：09-2019-281

策划编辑：张　树
责任编辑：苏密娅　于学松
封面设计：许　菲

20个自然科学实验
20GE ZIRAN KEXUE SHIYAN
[美]阿维娃·埃布内 著　刘雅玲　刘淑华 译
出版发行：上海科学技术文献出版社
地　　址：上海市长乐路 746 号
邮政编码：200040
经　　销：全国新华书店
印　　刷：常熟市人民印刷有限公司
开　　本：720×1000　1/16
印　　张：6
字　　数：101 000
版　　次：2019 年 6 月第 1 版　2019 年 6 月第 1 次印刷
书　　号：ISBN 978-7-5439-7881-2
定　　价：25.00 元
http://www.sstlp.com

序 言

当你听到"科学"这个词时,最先想到的是什么?是否和大多数人一样,想到陈列着各种各样玻璃器皿和许多精密仪器的实验室?想到总是身着白大褂,整日埋头于各种实验,满脸严肃的科学研究人员?虽然在许多地方这种对科学家的传统看法仍然是正确的,但是实验室却不是唯一存在科学的地方。在某个建筑工地、篮球场甚至是一场你喜爱的乐队的演奏会上,都可以发现科学。实际上,科学无处不在。我们在厨房里做饭时要用到科学;画画时要用到科学;建筑师设计建筑物时要用到科学;甚至解释为什么你最喜欢的棒球选手可以打一个本垒打也要用到科学。

几个世纪以来,人类不断地对周围世界进行探索和研究,从中获得的知识不断积累成科学。科学知识的代代传承通过一系列的教育活动得以实现。所有科学教育活动的一项基本目的就是培养年轻人具有批判性思维和解决问题的能力,而这些能力是受益终身的。

科学知识教育具有学术独特性,不仅要展现事实规律、传授技能,更要培养学生的好奇心和创造性。因此,科学是主动的过程,不可能完全用被动的教学方法实现上述目标。教育工作者时常面临"科学教育的最佳途径是什么"这样的难题。尽管尚无确切答案,但是教育界的一些研究成果还是为我们带来了有益的启示。

研究表明,学生必须积极主动地参与科学实践,通过切身体验学习科学知识。我们要鼓励人们摆脱和超越书本,敢于质疑,提出新奇的设想,进行大胆的预测和假设,自己设计实验内容和步骤,并能收集相关信息,记录实验数据,分析所发现的结果,利用各种资源来拓展知识。换言之,在学习科学的过程中,不能只用耳朵"听",还必须动手"做"。这也就是学科学的最佳方法——"做"科学。

所谓"做"科学就是进行科学实验。涉及科学的课程当中,实验部分发挥着多项教育功能。在很多情况下,需要实际操作的教学活动能有效地激发学生的兴趣,有助于新课题的导入。例如,我们介绍某一有争议的实验,会激发学生的探究欲望并解开现象背后的谜团。课堂上的调查研究活动也有助于学生温故知新。根据神经科学的理论,科学实验和其他学习实践活动有助于将新知识从短期记忆转化成长期记忆。以实践活动和实验为主的"做"科学不仅有助于学生掌握科学概念,而且有助于培养当今年轻人对科学的兴趣。

为此,我们策划了这套"新知图书馆"系列丛书,汇集了天文、地理、物理、化学、生物、海洋、机械、音乐、体育、艺术、建筑、环境等多个领域的科学内容,我们将通过实验验证这些学科内容在日常生活中的应用,通过简单的实验吸引学生兴趣,使之能够进行实践操作,实现我们所说的"做"科学。丛书每个分册围绕一到两个主题设计了20~40项实验,实验所用的材料大多都是生活中常见的物品。各类实验配有插图和图解,便于抓住学生注意力,直观地传递信息。所有实验都会综合调动学生进行科学探究的各方面技能,诸如观察、测量、归类、分析以及预测等。此外,某些实验要求学生通过自己设计并完成开放式实验项目,锻炼其探究科学的能力。

书中大多数的实验都是要求在教师和成年人的指导下,以小组的形式进行的,这其中的一个好处是学生们有机会通过社会交往途径进行学习,使得学生有了集思广益和相互学习的机会。神经科学的研究成果证明,小组学习是一种有效的学习手段,人脑是具有社会属性的器官,人际交流和相互协作能提高学习的效果。

"新知图书馆"系列丛书的目标是借助实验激发学生学习科学的兴趣,传授基本的科学概念,培养批判性思维能力。当学生完全沉浸在丰富的实验环境中,他们会经历许多惊喜并获得意外收获,体验到新旧知识融合以及豁然开朗的非凡乐趣。在这样的条件下,学习活动才真实生动而又效果持久。

我们希望当你们完成这些实验时,能对身边的世界有更好的了解。也许阅读这套书并不能使你们成为一流的运动员或数一数二的科学家,但是我们希望这些实验能够激发你们去发现日常生活中的科学,也能鼓励你们把我们的世界变得更加美好。

目 录

实验前必读 …………………………………………………… 1
简介 ……………………………………………………………… 1
实验 1 用黑光灯检测物品 ……………………………… 3
实验 2 制作气泡浴球 …………………………………… 6
实验 3 测试石膏中使用的液体 ………………………… 9
实验 4 制作晶球 ………………………………………… 13
实验 5 抛弧线球 ………………………………………… 17
实验 6 分子穿透气球进行扩散 ………………………… 21
实验 7 检测乳糖酶的溶解速度 ………………………… 24
实验 8 放热反应和吸热反应 …………………………… 27
实验 9 检测花生中的能量 ……………………………… 31
实验 10 检测加热对鸡蛋凝结的影响 …………………… 36
实验 11 使用化学品制作肥皂 …………………………… 40
实验 12 使用厨房化学品制作胶水 ……………………… 44
实验 13 创建磁直线加速器 ……………………………… 48
实验 14 检测清洁剂的去除油污效果 …………………… 51
实验 15 制作并观察反泡泡 ……………………………… 55
实验 16 使用蒸汽驱动小船 ……………………………… 58
实验 17 检测红外线 ……………………………………… 62
实验 18 测定什么颜色的光在雾里最亮 ………………… 66

实验 19 模拟核反应 ·· 70
实验 20 绘制全息图 ·· 73
附录
  实验环境的设置 ·· 77
  我们的发现 ·· 78

实验前必读

在开始任何实验前仔细阅读

每项实验都包括与具体主题相关的特别安全提示。这些提示不包括那些在做其他任何科学实验时都必须注意的基本规则。因此，你必须仔细阅读下面的安全准则，并时刻牢记在心。

科学实验很容易有危险，规范的实验步骤应该包括细致的安全守则。在实验过程中随时会有意外发生，例如，材料可能会溢出、破碎，甚至着火。发生危险时你其至来不及自我保护。在整个实验过程中，不论是否会对你造成危险，你都要严格遵守下面的安全提示，时刻警惕意外危险发生。

对每个独立的实验我们都设计了比较保守的安全预防措施。所以，我们希望你能认真对待本书中的所有安全提示。正是因为非常危险，因此你应该明确看到了这些提示。

因为时刻记住所有的规则并不容易，所以在开始每一项实验之前和准备每一项实验时都要重新阅读这些规则，这样你就会在实验的每一个危险关头注意保持安全。此外，在做那些会发生潜在危险的步骤时，你要运用自己的判断力，时刻保持警惕。虽然书中并没有提到"小心热的液体"或"不要用刀划破你的手指"，但并不表示你在烧水或在塑料瓶上打洞时可以疏忽大意。书中的安全提示只是一些特别的提醒。

安全准则

粗心、仓促、缺乏知识或不必要的冒险都会引发事故,采取安全的步骤和在整个实验过程中都保持警惕可以避免上述危险。一定要阅读书中每项具体实验后附加的安全提示和遵从需要成人监督的要求。如果你是在实验室里做实验,记住不要一个人操作。如果不是在实验室里做实验,要至少3个同学一组,并严格遵守学校和各地的法律对监督人员数量的要求。请求具有急救知识的成人监护员看护,并准备好急救包。确保在实验过程中人人都知道急救员的位置。

准 备

- 在实验之前清理桌面,保持干净。
- 开始实验之前,阅读整个实验说明。
- 了解实验中的危险和可预料的危险。

自我保护

- 有步骤地遵守实验说明。
- 每次只做一个实验。
- 确定安全出口、灭火毯和灭火器的位置,关闭燃气和电源开关,准备好洗眼水和急救包。
- 确保充分通风。
- 不要喧闹嬉戏。
- 不要穿露脚趾的鞋。
- 保证地板和工作间干净、整洁、干燥。
- 立即清除溢出物。
- 如果玻璃器皿破裂,不要自己打扫,请求教师帮助。
- 把长头发束到脑后。
- 不要在实验室或工作间里吃东西、喝饮料或吸烟。
- 除非有知识丰富的成人明确告知,否则不要食用任何实验用的材料。

小心使用器材

- 不要把仪器竖立在桌子边缘。
- 小心使用刀子或其他尖锐的仪器。
- 拔电源插头,而不是拔电线。
- 使用前后都要清洗玻璃器皿。
- 检查玻璃器皿的擦痕、裂痕和尖锐边缘。
- 玻璃器皿破碎了要立即通知老师。
- 不要让反射光照射你的显微镜。
- 不要触摸金属导体。
- 小心用电。
- 使用酒精温度计,而不是水银温度计。

使用化学品

- 不要品尝或吸入化学品。
- 在盛有化学品的瓶子和仪器上贴好标签。
- 仔细阅读标签。
- 避免化学品接触皮肤和眼睛(戴安全镜或护目镜、实验用围裙和手套)。
- 不要触摸化学溶液。
- 使用溶液前后要洗手。
- 彻底清除溢出物。

加热物质

- 在加热材料时戴安全镜或护目镜、围裙和手套。
- 使你的脸远离试管或烧杯。
- 当在试管里加热物质时,避免把试管的顶端对着其他人。
- 使用耐热玻璃制成的试管、烧杯和其他玻璃器皿。
- 不要使仪器处于无人看管状态。

- 使用安全钳和耐热手套。
- 如果你的实验室没有耐热工作台,把本生灯放在耐热垫上之后再点燃。
- 点燃本生灯时要注意安全;点燃本生灯时保持通气孔关闭,使用本生灯专用打火机而不用火柴。
- 使用电炉、本生灯和燃用气体完毕后立即关闭。
- 使易燃物远离火焰或其他热源。
- 手边准备一个灭火器。

实验结束

- 彻底清理你的工作场所和任何使用过的玻璃器皿。
- 洗手。
- 小心不要把化学品或污染了的试剂放入错误的容器。
- 不要在水槽里处理材料,除非要求这样做。
- 清理所有的残留物,把它们放到正确的容器里进行处理。
- 按照各地法律规定处理化学品。

随时保持安全意识!

简 介

自然科学的主题包罗万象。一般来说,自然科学包括非生物系统的研究——通常包括太空和地球科学——但是主要集中在物理和化学方面。自然科学的研究囊括了化学热力学、核化学、有机化学、动力、重力、能量、分子理论、波、电、磁和光。鉴于自然科学所覆盖的范围广泛,仅一本书不可能涉猎所有的科学领域。然而,本书旨在开启孩子们的科学视野,引领他们探求未知科学的某些领域,并点燃他们未来从事某一个或者多个学科领域研究兴趣的火花。

孩子们的科学兴趣一旦有了提高,他们就会受好奇心的吸引,对特定的科学领域做进一步的探索。2010 年 7 月 25 日的旧金山纪事(*San Francisco Chronicle*)中的一篇文章提到,当学生知道了他们未来职业生涯所要从事的学科领域的时候,他们就会有强烈的求知欲学习科学。传统意义上说,学生学习科学就是学习化学或者物理。然而,如果我们鼓励学生参与这些科学范围内的复杂专业领域,我们就更有可能鞭策他们进行进一步研究,也就能在他们的心灵中种下未来从事自然科学事业的种子。

本书力求通过极富兴趣的实践活动促进学生对科学和技术的兴趣。学生们在"用黑光灯检测物品"和"检测红外线"的实验中,亲身感受到了发现可见光谱外的光波长的神奇。他们通过做"测定什么颜色的光在雾里最亮"的实验,了解了有关光的变化;通过做"绘制全息图"的实验,了解了三维图像的制作。学生还可以做"制作气泡浴球""测试石膏中使用的液体""制作晶球""使用化学品制作肥皂""检测乳糖酶的溶解速度"和"使用厨房化学品制作胶水"等化学实验。他们可以通过"检测花生中的能量"和"放热反应和吸热反应"的实验了解能量。还可以在"检测加热对鸡蛋凝结的影响"和"使用蒸汽驱动小船"的实验中研究热量。学生可以通过做"创建磁直线加速器"和"抛弧线球"的实验,了解物理科学。

这些只是本书中为孩子们设计的实验中的一部分,所有的实验活动都有背景知识简介和后续的实验观察问题相支撑。在"我们的发现"部分提供了所有问题的答案。书中还有"教师必读"、按照美国国家科学教育标准排列的"实验的范围和序列表"、建议做实验的适当地点的"实验环境的设置"、建议每个实验的"年级水平"以及确保学生遵循适当实验技巧的"实验前必读"。

许多学校和地区都已经意识到,尽可能早地鼓励学生进行物理和化学领域研究十分重要。根据2010年10月6日美国教育记者埃里克·罗伯伦(Erik Robelen)在《教育周刊》中撰写的标题为《研究发现:计算机科学教育重视程度不够》的文章,他谈到目前计算机科学课程正在从中学课程中被取消,取而代之的是强调科学、技术、工程和数学(STEM)的课程。罗伯伦2010年10月29日为同一家新闻媒体写了报告,文章题目为《奥巴马总统大力赞成STEM教育》,报告声称美国白宫一直在支持STEM这一倡议,奥巴马总统亲自主持了强调年轻学生致力于科学研究的活动。

此外,力争得到联邦政府提供的"力创优秀"基金的各州发现,强调STEM的建议与其他建议相比得到了最多的关注。这可能是由于在美国大学里从事STEM教育的学生数量较少,女性从事这方面研究的数量甚至更少。因为教育家和父母在鼓励年轻学生追求自己的兴趣发展方面对学生有巨大的影响,所以美国教育的重点是尽可能早地在学生的教育过程中实施STEM课程,培养学生这方面的兴趣,希望在美国大学报考STEM专业的学生数量有所增长。

仅仅了解STEM研究是不够的。我们不仅努力让学生接触科学研究,还必须以有趣的方式向学生展示科学研究,以便把他们的科学兴趣提高到较高的水平。激发和保持学生科学兴趣的最佳方式之一,就是让学生亲自动手做实验。

数千年以来,科学家改变了世界,现在该到创造下一代科学家的时候了。希望本书中的实验能够激励年轻人将科学领域的研究作为自己未来追求的终身事业。

实验 1　用黑光灯检测物品

简　介

在我们的家里,许多日常物品在黑光灯的照射下会发出荧光。简单地说,黑光灯是一种用电磁波谱紫外线部分发光的灯泡。因为紫外线辐射不在人类肉眼可见的白光波谱的范围内,所以这种光被称为黑光。荧光物体吸收紫外线,然后立即释放出来。被释放出的光的波长较长,我们用肉眼能观察到,被释放出的光发出了我们能看见的光亮。一些物品含有某些发荧光的矿物质的荧光物质,这就使得这一物品看起来较白,诸如牙膏中的增白剂。

在本实验中,你将使用黑光灯来检测荧光的存在。

实验时间

30分钟

实验材料

- 可手握的黑光灯
- 无横格的白纸
- 凡士林

- 2个大的干净塑料杯
- 小瓶苏打水
- 维生素 B_{12} 片剂(可以从保健食品店或者药店中购买)
- 醋(237毫升)
- 咖啡搅拌器
- 锤子
- 含有增白剂的洗衣粉
- 钢笔或者铅笔
- 黑暗的房间

安全提示

请仔细阅读并遵守本书前面的"实验前必读"中的"安全准则"。

实验步骤

1. 使房间变暗。
2. 使黑光灯照射在白纸上。
3. 把你的观察记录在数据表上。
4. 打开凡士林罐。
5. 从罐的开口处,用黑光灯照射凡士林。
6. 把你的观察记录在数据表上。
7. 将塑料杯装满苏打水。
8. 用黑光灯照射杯中苏打水的上部。
9. 把你的观察记录在数据表上。
10. 用锤子粉碎维生素 B_{12} 片剂。
11. 把粉碎的维生素 B_{12} 片剂粉末放到一个干净的杯子里(图1)。
12. 把一杯醋倒进这个杯子里(图1)。

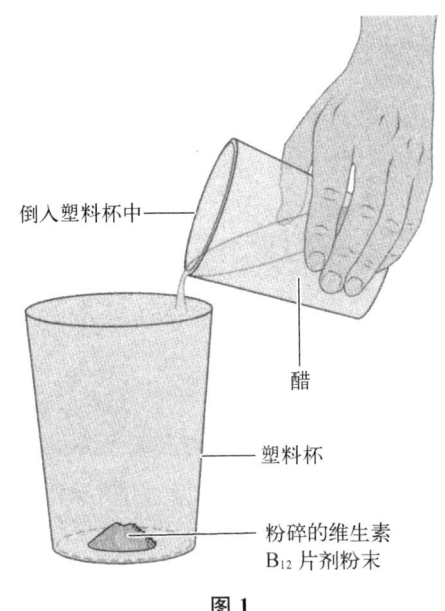

图1

13. 搅拌杯子里面的东西,直到它们完全混合在一起。
14. 用黑光灯照射维生素和醋的混合溶液。
15. 把你的观察记录在数据表上。
16. 舀一杯增白洗衣粉。
17. 用黑光灯照射洗衣粉。
18. 把你的观察记录在数据表上。

数 据 表

观察到的物质	观察:在黑光灯照射下这种物质会发光吗?如果发光的话,发出的光是什么颜色的?
白纸	
凡士林	
苏打水	
维生素 B_{12} 和醋的混合溶液	
洗衣粉	

实验观察

1. 所有的物质都发光吗?如果不是,哪些物质不发光?
2. 发光的物质都发同一种颜色的光吗?为什么?
3. 是什么引起一定物品在黑光灯的照射下发光的?

我们的发现

请参见附录中的"我们的发现"。

实验 2　制作气泡浴球

简 介

目前有许多沐浴产品可以增添沐浴的快乐,其中之一就是气泡浴球。气泡浴球是一种干燥的小球,当放入浴缸里的时候会在水中冒气泡。气泡浴球也会改变水的颜色或者散发沁人的芳香。隐藏在这些气泡浴球背后的科学就是小苏打和柠檬酸之间发生了化学反应,这种反应会产生二氧化碳气体。小苏打是基础,柠檬酸,正如其名字所显示的那样,是一种酸。这些气泡浴球是使用容易找到的化学品制造的。使用一些日用化学制品,你就可以制造出你自己的气泡浴球,并可以在你的浴缸里测验它们。

在本实验中,你将使用一些常见的化学品,制作出你自己的可安全使用的气泡浴球。

实验时间

20分钟准备
2天完成

实验材料

- 柠檬酸,2汤匙(30克)

- 玉米淀粉,2汤匙(大约30毫升)
- 小苏打,1/4杯(大约58克)
- 带盖子的玻璃罐
- 芳香精油,几滴
- 植物油,3汤匙(大约44毫升)
- 碗
- 长柄搅拌勺
- 几滴食用色素,任何颜色
- 干燥的地方
- 带盖子的干净的、干燥的空容器
- 尺子

安全提示

请仔细阅读并遵守本书前面的"实验前必读"中的"安全准则"。

实验步骤

1. 把柠檬酸、淀粉和小苏打加到玻璃罐里。
2. 用勺子搅和罐里的东西(图1)。

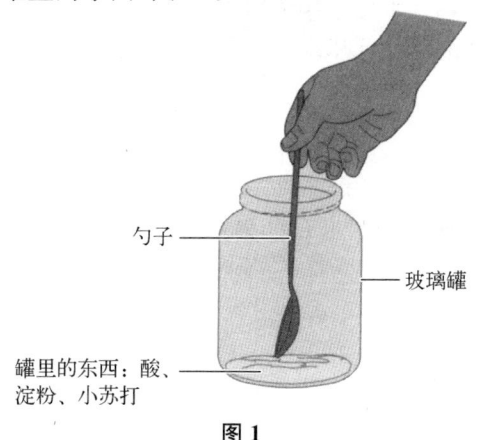

勺子
玻璃罐
罐里的东西:酸、淀粉、小苏打
图1

实验2 制作气泡浴球

3. 加入几滴芳香精油。
4. 加入几滴食用色素。
5. 紧紧盖住罐子上的盖子,摇晃里面的东西,直到它们完全混合在一起。
6. 把罐子里的东西倒入碗里。
7. 一边不断地搅和,一边慢慢地把植物油加入混合物中。
8. 用手揉混合物,塑成直径为 2.5—3.8 厘米的团状物(图 2)。

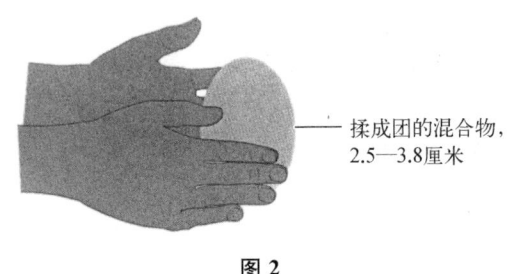

揉成团的混合物,
2.5—3.8厘米

图 2

9. 使其风干 2 天。
10. 如果你不打算马上使用团状物,把它们储存在一个密封的容器里。
11. 下次你洗浴的时候,把一粒团状物放入浴缸水中,并进行观察。

实验观察

1. 当你把团状物放入浴缸水中时,会发生什么反应?
2. 哪种化学物质在反应过程中会产生这种效果?
3. 在这一反应中会产生什么化学物质?
4. 为了改变气泡浴球的气味或者颜色,要对气泡浴球的成分做什么改变?

我们的发现

请参见本书后面附录中的"我们的发现"。

实验3　测试石膏中使用的液体

简　介

熟石膏含有碳酸钙和硫酸钙,这两种化学物质用于生产水泥。石膏像水泥和其他大多数建筑材料一样,开始时是湿的,随后变硬。建造这些材料所使用的水没有蒸发,实际上是与其他物质发生了反应。需要水的水泥材料叫做水凝水泥。这些种类的水泥由于发生了化学反应,甚至在水下有可能变硬。水泥可使聚合体结合在一起,有益于形成牢固的建造材料,可以经受得起雨打风吹和环境的变换。

在本实验中,你将测试不同的液体,确定出可以使石膏最坚固的液体。

实验时间

45分钟

实验材料

- 1袋或者1盒熟石膏粉
- 4个小塑料杯
- 温水,2茶匙(10毫升)
- 水,几茶匙,温度与室温相当

- 盐,1/2 茶匙(2.5 毫升)
- 醋,1—2 茶匙(5—10 毫升)
- 6 个塑料勺
- 蜡纸 1 张,大约 61 厘米长的
- 胶带
- 钢笔
- 钟、表或者计时器

安全提示

请仔细阅读并遵守本书前面的"实验前必读"中的"安全准则"。

实验步骤

1. 使用胶带和钢笔,在 3 个杯子上分别贴上标签,注明水、盐水和醋(图 1)。

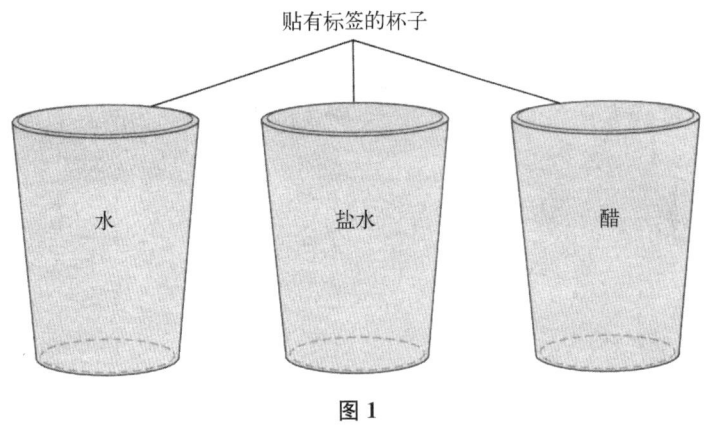

图 1

2. 使用胶带和钢笔,在蜡纸的左侧贴标签为水,中间贴标签为盐水,右侧贴标签为醋(图 2)。

3. 在第四个杯子中把盐和温水混合在一起搅拌,直到大多数的盐溶化。

4. 把满满的 1 茶匙石膏粉加入贴有不同标签的每个杯子里。

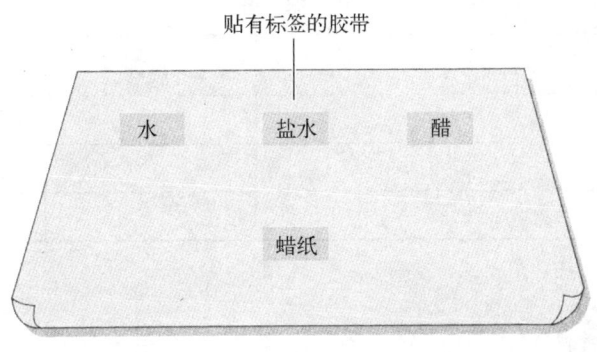

图 2

5. 把 1 茶匙水加入标记为"水"的杯子里,并完全混合在一起。如果有必要,加入更多的水或者石膏,一次加一点,直到有足够厚的混合物来塑造坚固的物质。

6. 用勺子把混合物从杯子里拨出来,放到标记为"水"的蜡纸区域上。如果有必要,用另一个勺子刮出第一个勺子里残留的混合物。

7. 重复步骤 5 和 6。使用盐水溶液,并把混合物放到标记为"盐水"的蜡纸区域上。

8. 重复步骤 5 和 6。使用醋,并把混合物放到标记为"醋"的蜡纸区域上。

9. 大约 5 分钟后,用勺子按压你制作的每个石膏堆(图3)。

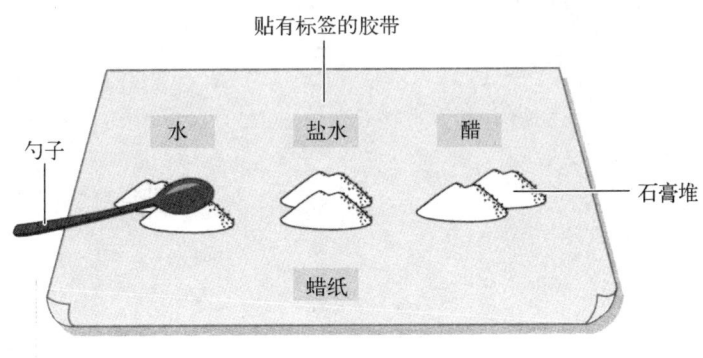

图 3

10. 把你的观察记录在数据表上。
11. 再过 5 分钟后,重复步骤 9 和 10。
12. 再过 5 分钟后,重复步骤 11。

数 据 表

混合物中使用的液体	5分钟后	10分钟后	15分钟后
水			
盐水			
醋			

实验观察

1. 哪一种液体对石膏变硬起的作用最好？
2. 哪一种液体对石膏变硬起的作用最差？
3. 为什么石膏或者水泥变硬到适当的坚固性很重要？
4. 这一过程中的哪一部分与化学反应有关？

我们的发现

请参见本书后面附录中的"我们的发现"。

实验 4　制作晶球

简　介

晶球是地质岩层，有时可以在火山岩或者沉积岩中找到。从外部看，它们只是岩石，但是它们内部却含有美丽的水晶。晶球的外部经常由石灰石构成；晶球的内部水晶通常是石英。有关晶球形成的主要理论是气泡在岩浆中形成。这些空间允许富含矿物质的地下水渗入其中。沉积物变坚固，随着矿物质在里面结晶，形成岩石层。为了找出是什么种类的水晶在晶球里形成，晶球必须切割开。水晶也许是石英、玛瑙、石膏、紫晶和其他许多种类的固体。

在本实验中，你将通过制作活生生的水晶模型来模拟晶球中水晶的生长。

实验时间

30分钟准备
3天完成

实验材料

- 6个鸡蛋

- 空的鸡蛋纸盒箱
- 2 杯(473 毫升)沸水
- 3—4 汤匙(42—57 克)硼砂(可以在超市里的洗涤剂区域找到)
- 2—3 汤匙(28—42 克)硫酸铜
- 大约 30 厘米长的蜡纸
- 2 杯(473 毫升)水,与室温相当
- 大碗
- 2 个量杯
- 剪刀
- 2 个搅拌器

安全提示

请仔细阅读并遵守本书前面的"实验前必读"中的"安全准则"。在处理化学物品时佩戴护目镜。硫酸铜会刺激皮肤和黏膜,所以要避免接触眼睛和皮肤。建议在成人的监督下处理热材料。

实验步骤

1. 小心地将鸡蛋一磕两半,丢弃蛋液(图 1)。
2. 把蜡纸剪切成小正方形,正方形大小足以沿着每个鸡蛋纸箱空隙的内侧排成一列(图 2)。
3. 把正方形放进鸡蛋纸箱空隙内。

4. 一定不要弄碎鸡蛋壳。用与室温相当的水冲洗每个蛋壳。你可以在一个大的碗内冲洗,以防水溢出。

5. 小心地把每半个蛋壳放在纸箱空隙内的蜡纸上(图 3)。

6. 在一个量杯中,把硼砂加入到一杯沸水(237 毫升)中。慢慢地加入硼砂,不时地搅拌,

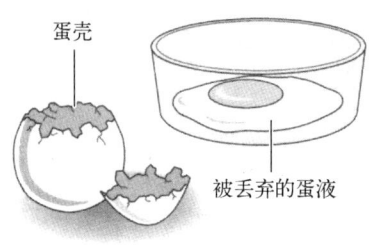

图 1

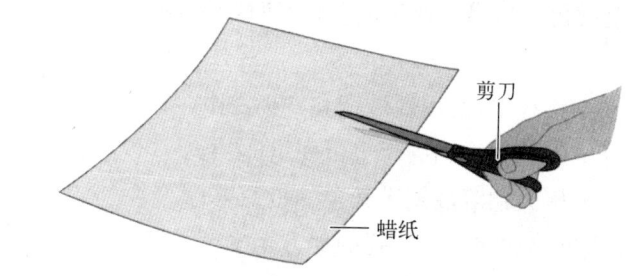

图 2

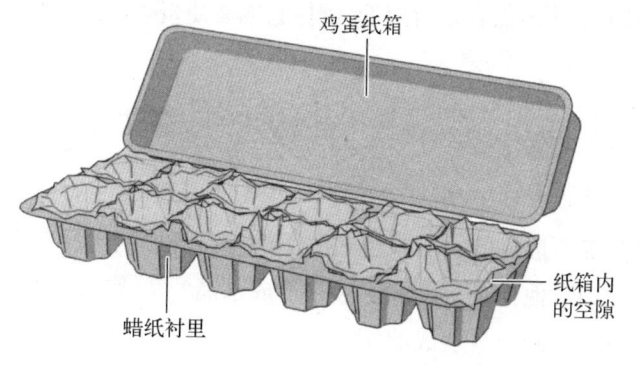

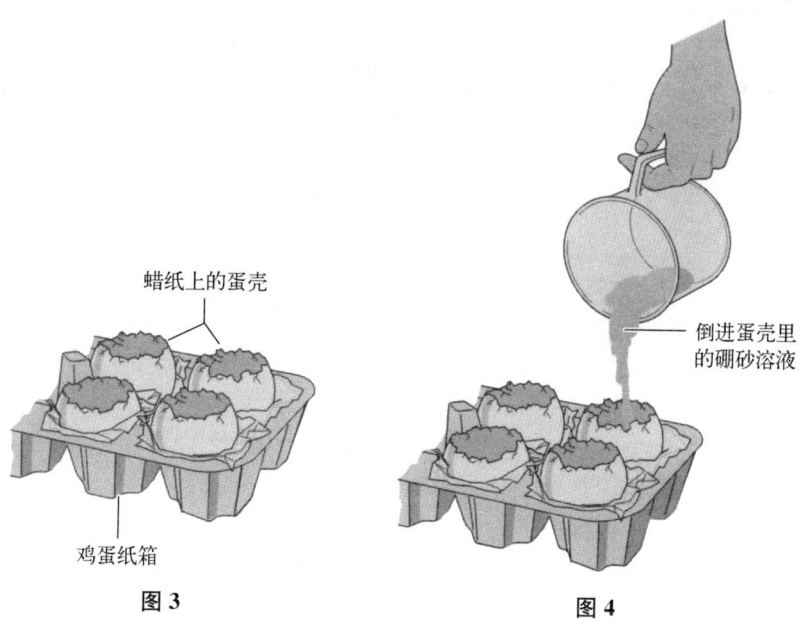

图 3

图 4

实验 4　制作晶球　15

直到硼砂完全溶化。当溶液处于饱和状态时,即溶液不再溶化更多的硼砂时,停止加入硼砂。

7. 在另一个量杯中,使用硫酸铜和一杯沸水,重复步骤6。
8. 把少量的硼砂溶液倒进半个蛋壳里(图4)。
9. 把少量的硫酸铜溶液倒进其余的蛋壳里。
10. 把鸡蛋纸箱放在不受干扰的地方至少3天。
11. 3天后,观察你自制的晶球。
12. 如果鸡蛋纸箱内仍有残留溶液,倒掉它或者使蛋壳风干大约1周的时间。

实验观察

1. 在蛋壳里你观察到了什么?
2. 由硼砂溶液所形成的水晶与由硫酸铜溶液所形成的水晶一样吗?
3. 你还可以用其他什么常见的溶液来形成水晶?
4. 自然界中晶球是怎么形成的?

我们的发现

请参见本书后面附录中的"我们的发现"。

实验 5　抛弧线球

简　介

如果棒球投手总能掷出击中击球手的投球,那么他们的身价就会大大提升。大多数的投手可以掷出许多不同种类的投球,包括快球和变速。一种特别有用的投球是弧线球,对这种弧线球,击球手可能会因判断不准方向而接不到球,因为球的轨道形成了曲线路径。摩擦使得球快速旋转,右手击球的投手按顺时针旋转,左手击球的投手按逆时针旋转。当球旋转的时候,一个空气层,叫做边界层,被吸入进来。因为即使球在旋转时也是在向前行进的,所以在球的一侧,边界层行进的方向与空气环绕球流动的方向相同;但是在球的另一侧,边界层行进的方向与气流的方向正好相反。因为两个空气层在以相反的方向行进,所以气流就减慢;而在另一侧,两个空气层在以相同的方向行进,所以气流就行进得越来越快。伯努利(Bernoulli)的原理表明,快速行进的空气比慢速行进的空气施加的压力小,因此,这使得球向左或者向右偏转行进。

在本实验中,你将制作一种能够抛弧线球的设备。

实验时间

25 分钟

实验材料

- 2个邮件硬纸筒，每个61厘米长（必要时切割至合适的尺寸），其直径比乒乓球大
- 乒乓球
- 标准尺寸的中号砂纸
- 白胶
- 黑色记号笔
- 尺子
- 锋利的剪刀或者刀，用于切割邮件硬纸筒

安全提示

请仔细阅读并遵守本书前面的"实验前必读"中的"安全准则"。在处理锋利的物品时始终谨慎行事。建议在成人的监督下使用像剪刀或者刀这样的锋利的物品和工具。

实验步骤

1. 把白胶涂在砂纸的背面。
2. 把砂纸卷起，以便白胶显露在外面（图1）。

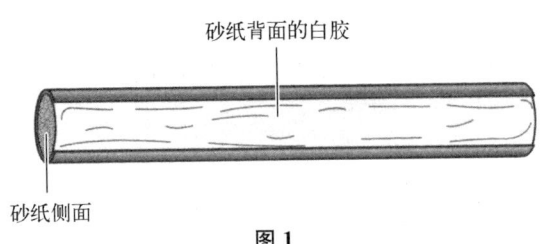

图1

3. 从一端把卷起来的砂纸滑入邮件硬纸筒，以便砂纸的边缘与邮件硬纸筒的边缘对齐（图2）。

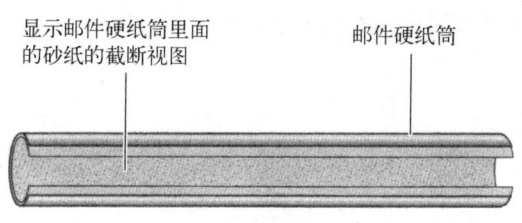

图 2

4. 在乒乓球上画圆圈(图3)。
5. 与第一个圆圈成直角,重复步骤4(图3)。
6. 握住邮件硬纸筒没有砂纸的一端,把邮件硬纸筒略微向上倾斜。
7. 在有砂纸的那端,把乒乓球插入邮件硬纸筒里。
8. 水平地握住邮件硬纸筒,使其保持水平状态,在空中摆动邮件硬纸筒(图4)。

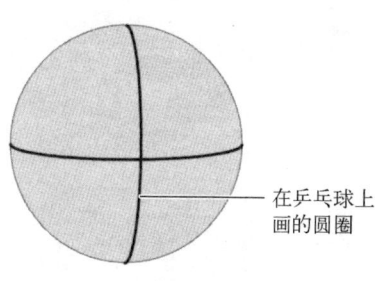

图 3

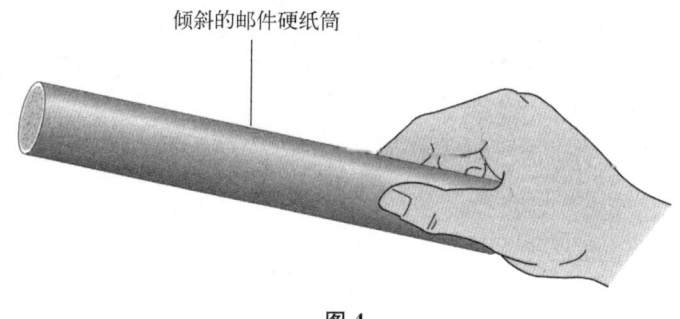

图 4

9. 观察球的轨迹。
10. 对没有砂纸的邮件硬纸筒,重复步骤6—9。

实验观察

1. 当你使用有砂纸的邮件硬纸筒和没有砂纸的邮件硬纸筒时,你注意到球的轨迹有什么区别吗?
2. 请描述一下当球与有砂纸的邮件硬纸筒一起被抛出时球的轨迹。
3. 这与伯努利的原理有怎样的关系?

4. 这种现象可以实际应用在哪些方面?

我们的发现

请参见本书后面附录中的"我们的发现"。

实验6　分子穿透气球进行扩散

简 介

我们周围的任何物体都是由物质构成的,甚至我们看不见的气体是由分子构成的。开启一瓶香水你就能观察到这一现象。如果香水处于开启状态,香水分子就会扩散到容器的外面,即使你的鼻子没有直对着瓶口,你也会闻到香水的味道。在扩散的过程中,微粒倾向于从浓度高的区域移动到浓度低的区域。发生这种过程是因为分子创建了一个平衡。有时候,微粒得要穿过一个膜或者一个障碍进行扩散。我们所认为的固体的东西实际上有微小的洞,分子能穿过这个洞进行扩散。

在本实验中,你将测试几种东西的一些分子穿透气球进行扩散的能力。

实验时间

40分钟

实验材料

- 5个圆气球
- 5个塑料杯
- 5个医药滴管

- 香草精，大约 2 茶匙(10 毫升)
- 牛奶，大约 2 茶匙(10 毫升)
- 柠檬汁，大约 2 茶匙(10 毫升)
- 醋，大约 2 茶匙(10 毫升)
- 咖啡饮料，大约 2 茶匙(10 毫升)
- 计时器或者钟表
- 5 片胶带
- 钢笔或者记号笔

安全提示

请仔细阅读并遵守本书前面的"实验前必读"中的"安全准则"。

实验步骤

1. 在 5 个杯子上各自贴标签，分别为香草、牛奶、柠檬汁、醋和咖啡。
2. 把香草精灌入医药滴管中。
3. 把医药滴管中的香草精喷射入气球中(图1)。

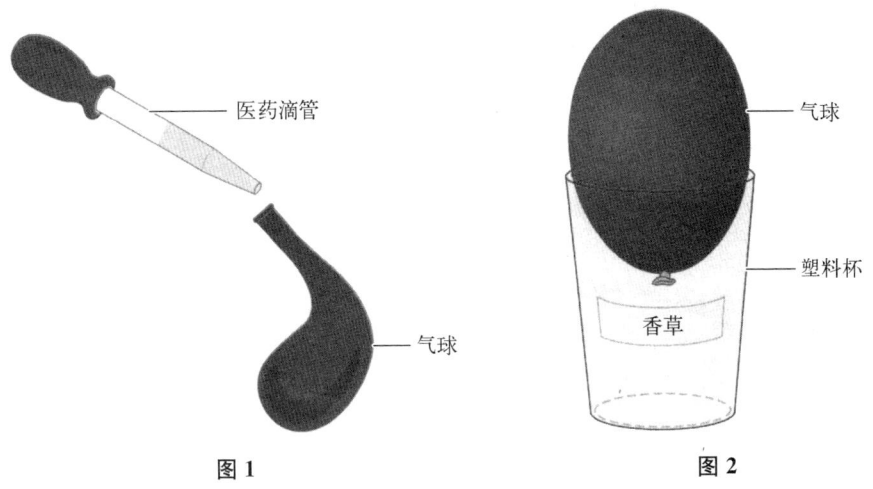

图 1

图 2

4. 重复步骤2和3。

5. 气球尽可能地吹大一些,既不要吸入气球里面的东西,也不要吹爆它,能够系得上就行。

6. 安全地系上气球口。

7. 使系上的气球口朝下,放置在标记为"香草"的塑料杯上面(图2)。

8. 对每种不同的物质使用新的医药滴管。对牛奶、柠檬汁、醋和咖啡重复步骤2—7,把每种物质放入有相应标签的杯子里。

9. 10分钟后,移走气球,闻一下杯子内的气味。

10. 把你的观察记录在数据表上。

数 据 表

物　　质	气　　味
香　草	
牛　奶	
柠檬汁	
醋	
咖　啡	

实验观察

1. 你能闻出杯子中有哪种物质的气味吗?
2. 你怎么知道来自这些物质的一些分子扩散到杯子里的?
3. 你知道扩散是如何发生的?
4. 分子是如何穿透像气球这样的固体的?

我们的发现

请参见本书后面附录中的"我们的发现"。

实验6　分子穿透气球进行扩散

实验7　检测乳糖酶的溶解速度

简　介

　　消化是你身体内所发生的一种复杂的过程,它能够分解食物,为人体所利用。消化系统内发生了大量的化学反应,使得消化在体温这一温度下得以进行。酶是加速这些化学反应的分子,在这些反应中起着重要作用。乳糖酶就是其中的一种酶,通常在小肠中起作用。乳糖酶有助于分解乳糖——一种糖类的奶制品成分。然而,一些人缺少这种酶,因而造成不容易消化奶制品的现象,吃了奶制品后身体会产生不适感。这种病症叫做乳糖不耐症。幸运的是,我们有相应的对策,只需吃一粒片剂就能提供所需要的酶。有几种不同品牌的乳糖酶,尽管它们都会缓解乳糖不耐对身体产生的不适感,但是消费者也许没有意识到,片剂溶解得越快,缓解身体不适感的速度也就越快。

　　在本实验中,你将运用自然科学,比较几种品牌的乳糖酶片剂的溶解速度,来测定哪一种乳糖酶片剂溶解的速度最快。

实验时间

60—90分钟

实验材料

- 水约 3 升
- 微波炉
- 温度计
- 9 个一次性塑料或者木制咖啡搅拌器
- 跑表或带秒针的表
- 3 种不同品牌的乳糖酶片剂，每一种品牌 3 粒片剂
- 可至少容纳 250 毫升溶液的量筒
- 9 个可至少容纳 250 毫升溶液的微波炉烧杯或者透明的塑料杯

安全提示

请仔细阅读并遵守本书前面的"实验前必读"中的"安全准则"。

实验步骤

1. 用量筒量出 250 毫升的水，把它倒进烧杯里。

2. 把这一烧杯的水放入微波炉里加热，直到水温达到 37℃。你需要用微波炉短时间加热水，暂停，用温度计测量水的温度。如果温度不够高，继续加热。

3. 从微波炉里拿出烧杯。

4. 把一种品牌的一粒乳糖酶片剂放入烧杯里，使用跑表计时（图 1）。

5. 继续搅拌液体，直到片剂完全溶化（图 2）。

6. 读出跑表测定的片剂完全溶化的时间并把它记录在数据表上。

7. 用同一种品牌的片剂再做两次，重复步骤 1—6。

8. 把数据表上跑表测定的同一种品牌的片剂的 3 个溶化时间加起来，然后除以 3，计算出平均值。

9. 对其他 2 种品牌的片剂重复步骤 1—8。

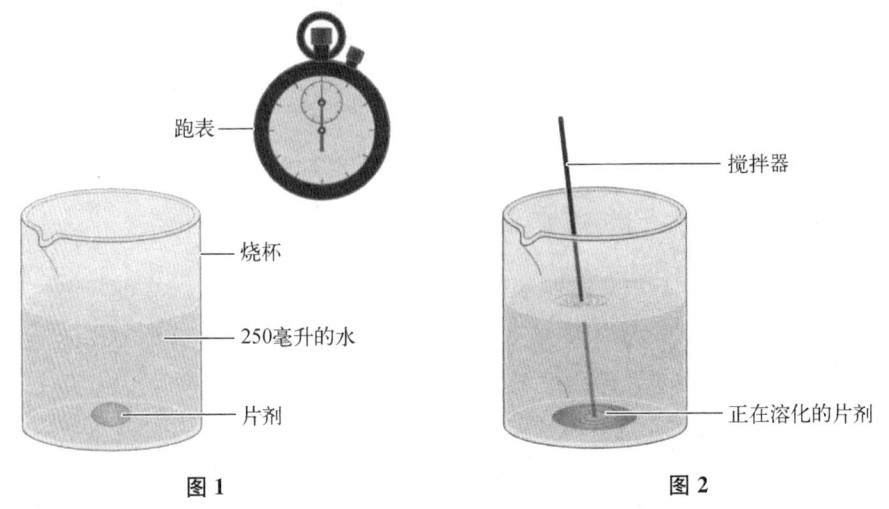

图1　　　　　　　　　图2

数　据　表

试　　验	第一种品牌片剂的溶化时间	第二种品牌片剂的溶化时间	第三种品牌片剂的溶化时间
1			
2			
3			
平均时间			

实验观察

1. 为什么要使用37℃水温的水做实验？
2. 哪种品牌的片剂溶化得最快？
3. 你认为片剂的溶化速度较快会如何帮助人们消化乳糖酶？
4. 你认为所有品牌的片剂都为使用者提供同样快的缓解吗？为什么？
5. 你想要推荐给需要食用乳糖酶的人哪种品牌的片剂？为什么？

我们的发现

请参见本书后面附录中的"我们的发现"。

实验 8　放热反应和吸热反应

简介

化学反应经常伴随着温度的变化。依据所发生的反应的类型,温度可能上升或者下降。如果引起反应所需要的能量比释放的能量多——例如,分开原子间的键——那么这种反应就被称为吸热反应,同时会造成温度下降。如果引起反应所需要的能量比释放的能量少,那么这种反应就被称为放热反应,同时会造成温度上升。

在本实验中,你将把化学品混合在一起,产生放热反应和吸热反应。

实验时间

35 分钟

实验材料

- 3% 的过氧化氢,2 汤匙(30 毫升)
- 酵母,3 茶匙(15 毫升)
- 2 个塑料杯
- 2 个温度计
- 跑表或者手表

- 醋,2汤匙(30毫升)
- 小苏打,1茶匙(5毫升)

> **安全提示**
>
> 请仔细阅读并遵守本书前面的"实验前必读"中的"安全准则"。

实验步骤

1. 把过氧化氢倒入一个塑料杯里。
2. 把温度计放入这个塑料杯里,量出过氧化氢的温度。
3. 在数据表1中时间标记为0的下面记录这一温度。
4. 加入酵母。
5. 用温度计轻轻地搅拌酵母和过氧化氢,同时查看温度计上的温度,并向你的同伴大声读出温度读数。你的同伴会在数据表1中每隔10秒钟记录这些温度。

数 据 表 1

时间(秒)	0	10	20	30	40	50	60	70	80	90	100	110	120
温 度													

6. 继续做步骤5,直到时间达到120秒。
7. 使用数据表1中的信息来完成图1中的图表。
8. 把2汤匙的醋倒入第二个塑料杯里。
9. 把第二个温度计放入这个塑料杯里,量出醋的温度。
10. 在数据表2中时间标记为0的下面记录这一温度。
11. 把1茶匙的小苏打加到醋里面。
12. 用温度计轻轻地搅拌小苏打和醋,同时查看温度计上的温度,并向你的同伴大声读出温度读数。你的同伴会在数据表2中每隔3秒钟记录这些温度。
13. 继续做步骤12,直到时间达到30秒。

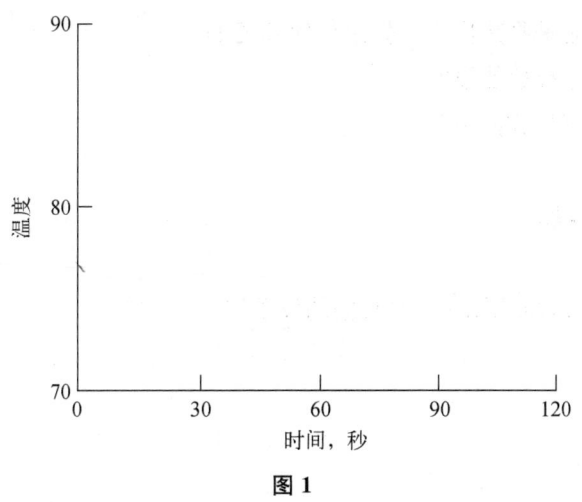

图 1

14. 使用数据表 2 中的信息来完成图 2 中的图表。

数 据 表 2

时间(秒)	0	3	6	9	12	15	18	21	24	27	30
温　度											

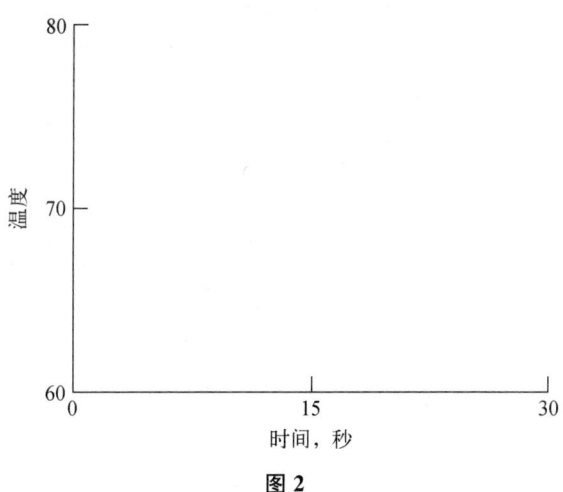

图 2

实验观察

1. 哪种反应是放热反应？你是如何知道的？

实验 8　放热反应和吸热反应

2. 哪种反应是吸热反应？你是如何知道的？
3. 哪种反应释放能量？
4. 哪种反应吸收能量？

我们的发现

请参见本书后面附录中的"我们的发现"。

实验 9 检测花生中的能量

简 介

能量通常分为两种主要形式：势能和动能。势能是储存的能量，包括储存在原子键和分子键中的化学能量，由于张力储存在物体中的机械能量，储存在原子核中的核能，储存在物体的重量中的引力能量和像储存在电池中的电能。动能是运动能量，包括以横波形式存在的辐射能量，以热量形式存在的热能，运动的物体中可找到的动能和以纵波形式传播的声音。食物已经储存了我们身体可释放的能量。我们可以通过释放食物的热能，显示食物中储存的能量。

在本实验中，你将释放花生中储存的能量，并观察以热能的形式释放的能量。

实验时间

60 分钟

实验材料

- 软木塞
- 缝衣针

- 1 小袋或者 1 小罐无盐花生仁
- 空的咖啡罐
- 比咖啡罐小的粥罐或者蔬菜罐
- 开罐器
- 锤子
- 长钉子
- 金属串,像烧烤用的金属串
- 水,大约 1 杯(大约 237 毫升)
- 量杯
- 温度计
- 打火机
- 计时器或者钟表
- 非易燃表面
- 横格纸
- 钢笔或者铅笔

安全提示

请仔细阅读并遵守本书前面的"实验前必读"中的"安全准则"。建议在成人的监督下使用明火和处理锋利的物体。

实验步骤

1. 用针尖扎入一粒无盐花生仁中(图1)。不要用力太大,否则花生会一折两半。
2. 用针的另一端(针眼)扎入软木塞中心(图2)。
3. 除掉大的咖啡罐上的所有标签。
4. 使用开罐器,完全除掉咖啡罐的顶部和底部。千万要注意,不要让咖啡罐锋利的边沿刮伤你的皮肤。
5. 在距离咖啡罐底部大约 0.5—1 厘米处,用锤子把钉子钉入咖啡罐的侧面,穿透金属,打一个眼孔(图3)。

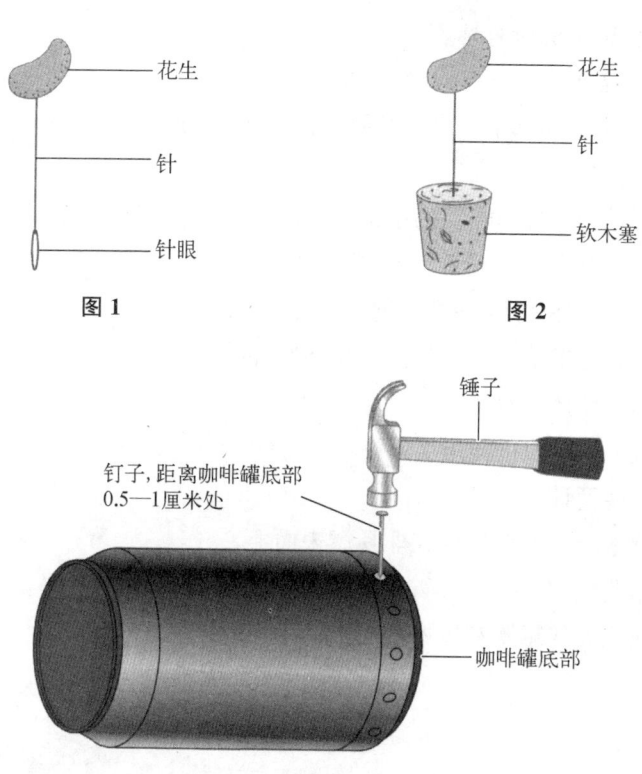

图 1

图 2

图 3

6. 环绕咖啡罐侧面,每隔1.5厘米,重复步骤5,直到这些眼孔与第一个眼孔连成一线(图4)。

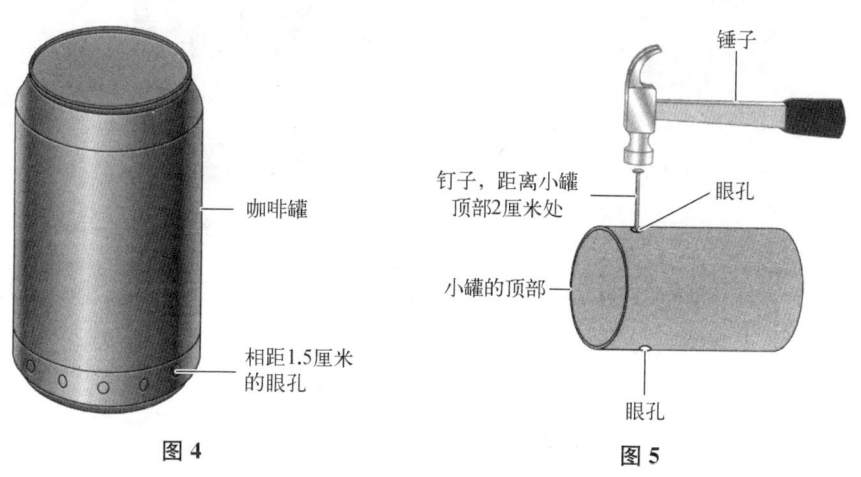

图 4

图 5

实验9 检测花生中的能量

7. 除掉小罐上的所有标签。

8. 使用开罐器,完全除掉小罐的顶部。

9. 在距离小罐顶部下方大约 2 厘米处,用锤子把钉子钉入小罐的侧面,打一个眼孔(图 5)。

10. 在正对着你打的眼孔的小罐的侧面上,重复步骤 9(图 5)。

11. 把金属串穿入小罐的 2 个眼孔(图 6)。

12. 量出 1/2 杯的水,并把它倒入小罐里。

13. 等候大约半个小时,以便水温达到室内温度。

14. 把温度计插入水中。

15. 在纸上记录水的温度。

16. 取出温度计。

17. 把软木塞/针/花生放在非易燃表面上。

18. 点燃花生。

19. 迅速把大的罐罩在软木塞/针/花生上面(图 7)。

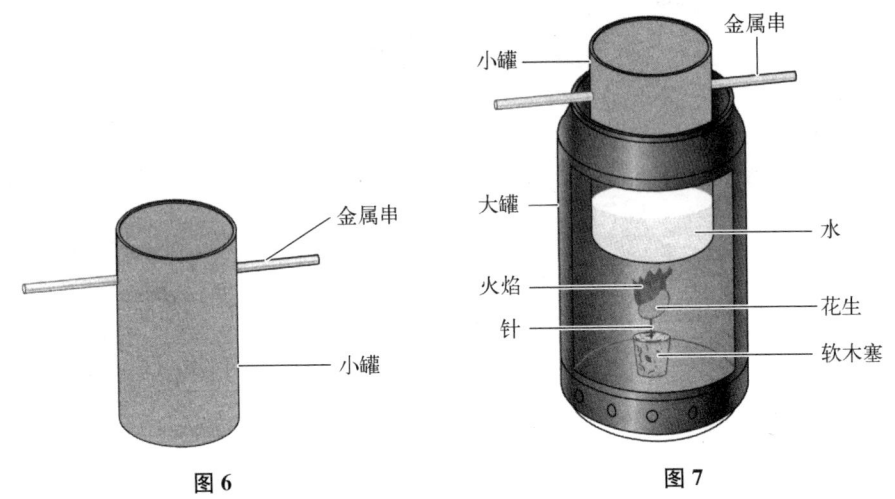

图 6　　　　　　　　图 7

20. 立即把金属串放在小罐中,以便金属串支撑在大罐的顶部,小罐悬挂在大罐里的燃烧的花生之上(图 7)。

21. 花生燃烧完后,把温度计插回到水中,轻轻地搅动。

22. 记录温度计上观测到的温度。

实验观察

1. 水的温度发生了什么变化?
2. 为什么会发生这种变化?
3. 如果燃烧的花生不止一个,你认为会发生什么现象?
4. 你还需要其他什么信息来计算从花生中释放的能量吗?
5. 我们怎么知道花生中储存着能量?

我们的发现

请参见本书后面附录中的"我们的发现"。

实验 10　检测加热对鸡蛋凝结的影响

简 介

　　面包师知道面糊里加入鸡蛋有助于烹饪制作达到合适的质地和密度。然而,过多地使用鸡蛋会使食物失去原有的味道,食物品尝起来多是鸡蛋的味道。当对添加了鸡蛋的混合物进行加热时,面糊就从液体状态变成了半固体或者固体状态——因为鸡蛋中的蛋白质凝结了。凝结把食物的各个成分结合在一起,阻止它们碎裂。凝结不仅存在于鸡蛋和其他食物中,而且还存在于其他蛋白质中,像血液凝固中。加热加快了凝固过程。随着热量提高了物质的动能,加热破坏了氢和其他键。当加热的时候,鸡蛋中的蛋白质发生了变性和凝结。
　　在本实验中,你将测定加热对鸡蛋中蛋白质的热凝结的影响。

实验时间

大约 2 小时

实验材料

- 牛奶,3 杯(大约 0.75 升)
- 糖,大约 7 汤匙(100 克)

- 4个鸡蛋
- 盐，1汤匙(15毫升)
- 香草，1茶匙(5毫升)
- 双层锅
- 炉灶
- 中号碗
- 叉子
- 烤箱
- 烤箱用隔热手套
- 微波炉
- 6个蛋奶糕焙杯
- 耐热烘烤盘，至少像蛋奶糕焙杯一样深
- 有自来水的水槽和水龙头
- 纸巾，几张
- 跑表或者钟表
- 6个牙签
- 横格纸
- 钢笔或者铅笔

安全提示

请仔细阅读并遵守本书前面的"实验前必读"中的"安全准则"。

实验步骤

1. 把烤箱预先加热到177℃。
2. 打碎1个鸡蛋，倒入碗里。
3. 观察蛋黄和蛋清。把你观察到的有关鸡蛋的质地和密度的信息记录在纸张上。
4. 用叉子轻轻地搅拌鸡蛋。

5. 往鸡蛋里加入 25 克的糖和少许的盐。
6. 用叉子搅拌混合物。
7. 在双层锅里加热牛奶至沸腾状态。
8. 小心地把热牛奶加到鸡蛋混合物中。
9. 把混合物倒入 2 个蛋奶糕焙杯中。
10. 把蛋奶糕焙杯放入烘烤盘里。
11. 把水填充到烘烤盘中,水的高度与蛋奶糕焙杯的高度相当(图1)。

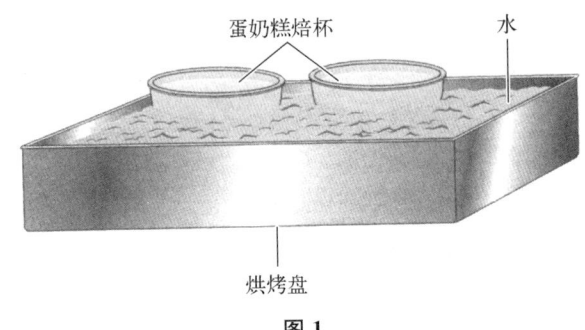

图 1

12. 烘烤,直到插在蛋奶糕焙杯中心(图2)裸露出一半长的牙签在抽出来时没沾到食物。然后使用烤箱用隔热手套把烘烤盘从烤箱里拿出来。

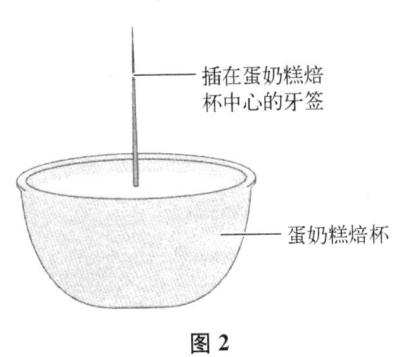

图 2

13. 重复步骤 1—12,但是不需要向烘烤盘中加水。
14. 重复步骤 1—12,但是要使用 2 个鸡蛋,而不是 1 个鸡蛋。
15. 把蛋奶糕从蛋奶糕焙杯中拿出来。
16. 把你观察到的有关密度(例如,稳固性)、质地(例如,光滑性,没有小洞眼)和味道(例如,蛋香味)的信息记录在数据表上。

数 据 表

观　　察	烘烤盘中有水	烘烤盘中没水	2 个鸡蛋
密　度			
质　地			
味　道			

实验观察

1. 你注意到烹饪前的鸡蛋和实验最终结果的鸡蛋有什么区别吗?
2. 哪种方法(烘烤盘中有水,烘烤盘中没水,烘烤盘中有2个鸡蛋)制作出的蛋奶糕密度(稳固性,保持其形状)最佳? 为什么你认为会发生这种状况?
3. 哪种方法制作出的蛋奶糕质地(光滑性,没有小洞眼)最佳? 为什么你认为会发生这种状况?
4. 哪种方法含有最多的蛋白质?
5. 品尝每一种蛋奶糕。哪种味道最佳并且品尝起来没有鸡蛋的味道?
6. 不加热的状况下,鸡蛋会变硬到适当的密度吗? 加热对鸡蛋中的蛋白质起到了什么作用?

我们的发现

请参见本书后面附录中的"我们的发现"。

实验 11　使用化学品制作肥皂

简　介

我们使用肥皂清洗皮肤、器皿、汽车和衣物。我们认为肥皂可以使我们自身以及我们的物品保持清洁。然而,我们很少想到这一事实:肥皂是由化学品制成的。并且,对于某些种类的肥皂来说,其化学品使用的原材料相当危险。肥皂实际上是由钠盐、长链烃或者脂肪酸制成的。烃也叫碳氢化合物,它能够溶解灰尘和油污。钠盐是由钠离子构成的,钠离子使物质溶于水。在清洗物品时,肥皂可以从物品表面分离油脂分子并将其包围,这些油脂分子悬浮在水中并可以被水冲洗掉。通过这种方式,肥皂就溶解了油污。肥皂里的各种化合物使肥皂水能够去除皮肤或者衣服上原本不能溶解的污渍。

在本实验中,你将使用几种化学品来制作肥皂。

实验时间

90 分钟

实验材料

- 猪油或者酥油,少于 1 汤匙(10 克)

- 6N 氢氧化钠,15 毫升
- 酒精(普通酒精),50 毫升
- 精制食盐,少于 1 汤匙(大约 12 克)
- 水,大约 70 毫升
- 2 个大的耐热玻璃烧杯
- 搅拌棒
- 1 瓶醋,出于安全目的准备的,如果皮肤接触到了氢氧化钠请用醋中和
- 胶皮手套
- 护目镜
- 加热板
- 通风条件好的工作环境,最好在通风橱下面
- 钟表或者计时器

安全提示

请仔细阅读并遵守本书前面的"实验前必读"中的"安全准则"。建议在成人的监督下佩戴护目镜进行实验。根据安全准则,处理氢氧化钠时要戴上胶皮手套,并避免皮肤或者眼睛接触到氢氧化钠。不要吸入烟雾。在通风条件好的地方做实验。如果氢氧化钠溅到了皮肤上,马上用醋进行清洗和治疗。

实验步骤

1. 将 10 克猪油或者酥油加入烧杯中。
2. 将 15 毫升的氢氧化钠加入烧杯中。
3. 将 50 毫升酒精加入烧杯中。
4. 将烧杯放在加热板上低温加热,加热的同时搅拌 20—25 分钟(图 1)。
5. 将烧杯从加热板上移开。
6. 搅拌时加入 20 毫升的水。
7. 将混合物冷却。

图 1

8. 在另一个大烧杯里加入 12 克的盐和 50 毫升的水。
9. 将第一个烧杯中冷却的物体倒入第二个盐水混合物中(图 2)。

图 2

10. 混合物冷却后,形成的固体就是肥皂。

实验观察

1. 你观察到的最初的原材料和最后的成品在密度和物质的状态上有哪些区别?

2. 为什么制作肥皂需要猪油或者酥油?

3. 为什么制作肥皂需要盐?

4. 如果你想制作不同颜色或者不同香味的肥皂,你需要在混合物里加入什么物质?

我们的发现

请参见本书后面附录中的"我们的发现"。

实验 12　使用厨房化学品制作胶水

简 介

你的厨房里有许多常见的化学品。醋是一种酸,小苏打是一种碱。不是所有的酸和碱都是安全的,但是醋和小苏打是两种安全的物质。可以用来做实验的含有蛋白质的食物是牛奶、奶酪、家禽和肉。你可以从厨房里选取一些东西做几项安全的实验,这些实验其实是某种化学反应。当化学反应发生在液体中时,实验中形成的固体叫做沉淀物。固体上方剩余的液体叫做上清液。

在本实验中,你将把厨房里几种常见的化学品混合在一起,制作出可以当作胶水使用的沉淀物。

实验时间

30 分钟

实验材料

- 脱脂牛奶,1/2 杯(125 毫升)
- 醋,1/2 汤匙(25 毫升)
- 小苏打,1/2 茶匙(2 克)

- 搅拌器
- 2个中号或者大号的烧杯
- 漏斗
- 滤纸
- 水,2汤匙(30毫升)
- 加热板
- 烤箱用隔热手套

安全提示

请仔细阅读并遵守本书前面的"实验前必读"中的"安全准则"。建议在成人的监督下使用热源。

实验步骤

1. 将脱脂牛奶倒入烧杯中。
2. 将醋倒入牛奶中。
3. 将烧杯放在加热板上加热,轻轻搅拌液体直到有小的块状物体出现(图1)。

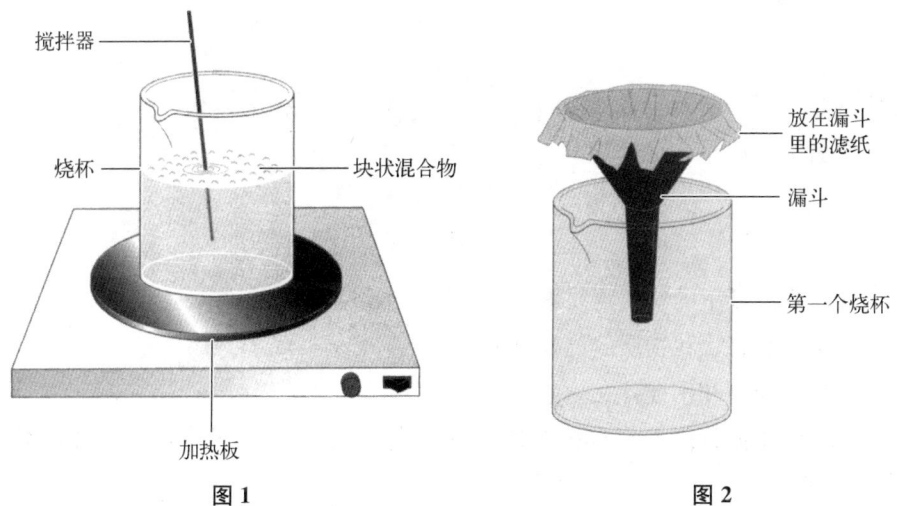

图 1

图 2

4. 戴上烤箱用隔热手套,小心地将烧杯从加热板上拿下来。

5. 再次搅拌烧杯里的混合物,直到没有新的块状物出现。

6. 将滤纸放在漏斗里(图2)。

7. 将漏斗放在第二个烧杯里(图2)。

8. 将含有块状物质的烧杯里所有物质都倒入漏斗里,使所有的液体通过漏斗流进第二个烧杯里。

9. 将漏斗里的滤纸拿出来,将滤纸里剩余的液体挤入第二个烧杯里(图3)。

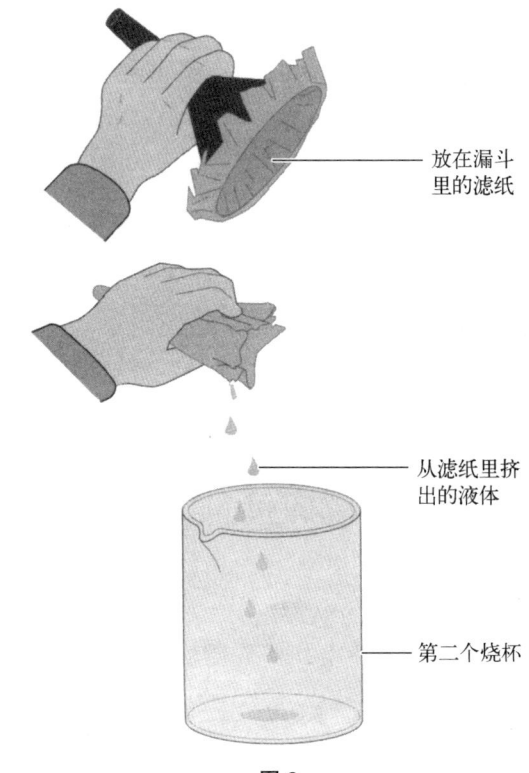

图 3

10. 将滤纸里的块状物质重新倒回第一个烧杯里。

11. 在装有块状物质的烧杯里加入水。

12. 将固体和水搅拌在一起。

13. 将小苏打倒入水的混合物里,这时会有气泡产生,等待直到混合物不再产生气泡。

14. 观察实验结果。

实验观察

1. 将固体和水以及小苏打混合后,烧杯中剩余的物质是什么?
2. 醋和小苏打有怎样的关联?
3. 醋和加热对牛奶中的蛋白质有什么作用?
4. 蛋白质是怎样从液体中分离出来的?

我们的发现

请参见本书后面附录中的"我们的发现"。

实验 13　创建磁直线加速器

简　介

动能是物体由于运动而产生的能量。动能可以从一个物体转移到另一个物体上，台球运动就是其中的一个例子。台球手用球杆击打母球，母球就会去击打另一个球。母球停止运动，却使另一个球加速旋转。一个静止的物体从静止到运动的过程需要最初的能量，这就是直线加速器的原理。无论科学家试验的是物体、粒子或者离子，直线加速器都可以通过使用磁铁、微波或者电子，增加正在被试验的物体的速度。人们在放射疗法以及其他各种各样的科学研究中都使用了直线加速器。

在本实验中，你将创建一个小型的直线加速器，并观察它的运动。

实验时间

30 分钟

实验材料

- 中间有凹槽的木尺子
- 透明胶带
- 剪刀

- 平坦的桌面
- 9个小的钢球,直径大约1.5厘米
- 4块磁铁,矩形或方形均可,宽度为2—2.5厘米,磁铁要尽量坚固
- 大本的教科书或者其他可以直立起来的物体

安全提示

请仔细阅读并遵守本书前面的"实验前必读"中的"安全准则"。

实验步骤

1. 用胶带将尺子的两端固定在桌面上(图1)。

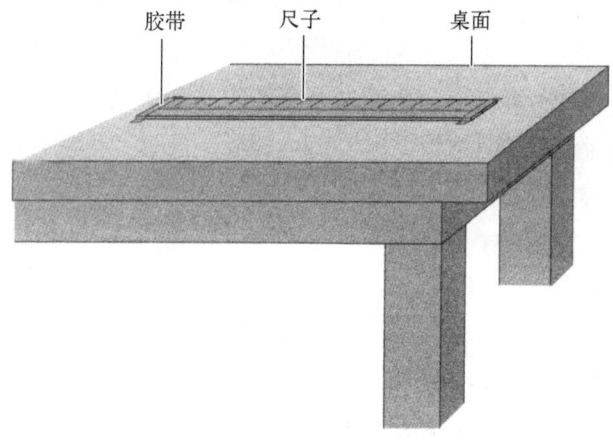

图1

2. 在尺子6.5厘米处用胶带固定1块磁铁。如果胶带过宽,可以用剪刀修剪以适合磁铁的大小(图2)。

3. 在尺子上每隔6.5厘米放置1块磁铁,使尺子上的磁铁总数为4块。

4. 重复步骤2。

5. 在每一块磁铁的右面放置2个钢球(图3)。从形状上来看,钢球比尺子上的刻度大。

6. 距尺子末端13厘米处竖立1本教科书(图3)。

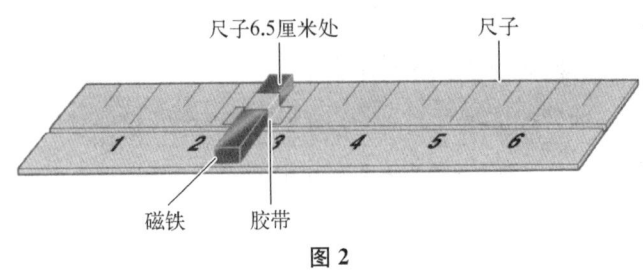

图 2

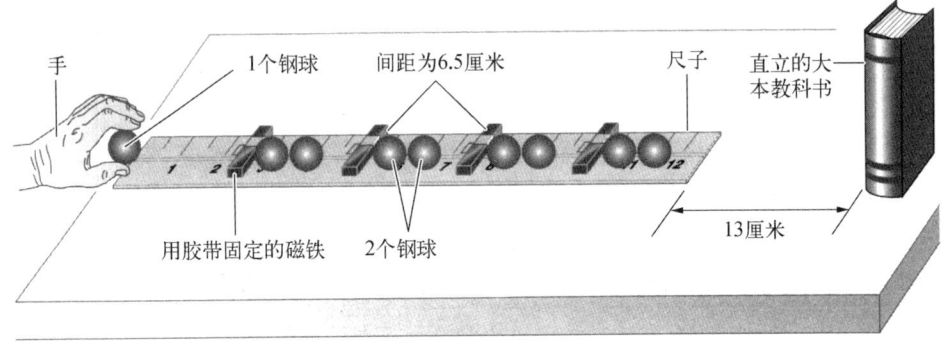

图 3

7. 将1个钢球放在第一块磁铁的左边的某个位置，在这个位置上，你刚好可以感觉到磁铁对钢球的吸引力。

8. 松开钢球，观察会发生什么。

实验观察

1. 当你松开的钢球击中了第一块磁铁时会发生什么现象？
2. 每一个钢球击中后续的磁铁时会发生什么现象？
3. 你观察到尺子上的最后一个钢球发生了什么现象？
4. 为什么会发生这样的情况？用动能的原理加以思考。

我们的发现

请参见本书后面附录中的"我们的发现"。

实验 14　检测清洁剂的去除油污效果

简介

我们在日常生活中需要清洗许多东西：器皿、衣物、宠物，甚至清洁我们自身。当我们想到洗涤和清洁时，总能想到水。其实，在清洗过程中我们还使用了肥皂、餐具清洁剂、洗发精、衣物清洁剂和其他皂类物质。清洁物品这一日常行为活动有一定的科学依据。肥皂可以洗掉清水无法去除的污渍，这是因为肥皂含有乳化剂。乳化剂使水和油相混合，油污就可以从被清洗的物品表面分离出来。如今，一些洗衣店使用酶帮助去除蛋白质化合物污点。然而，我们在日常生活中所观察到的大多数污渍是灰尘和油脂。各种各样的清洁剂生产商都声称自己的产品对衣物有最好的去污效果。餐具洗涤剂生产标榜自己的产品最适合将器皿上的油污去掉。不同品牌的商品真的有差异吗？

在本实验中，你将检测不同清洁剂的去除油污效果。

实验时间

30 分钟

实验材料

- 5 张白色的无横格索引卡

- 唇膏
- 5条胶带
- 钢笔
- 5个大的透明塑料杯
- 水,1汤匙(15毫升)
- 5支棉签
- 液体餐具清洁剂,1汤匙(15毫升)
- 液体洗手液,1汤匙(15毫升)
- 液体衣物清洁剂,1汤匙(15毫升)
- 含有漂白剂的液体衣物清洁剂,1汤匙(15毫升)
- 量匙

安全提示

请仔细阅读并遵守本书前面的"实验前必读"中的"安全准则"。

实验步骤

1. 使用胶带和钢笔制作5个标签,标签的名字分别是:水、餐具清洁剂、洗手液、衣物清洁剂和含有漂白剂的衣物清洁剂。将5个标签贴在5个塑料杯上(图1)。

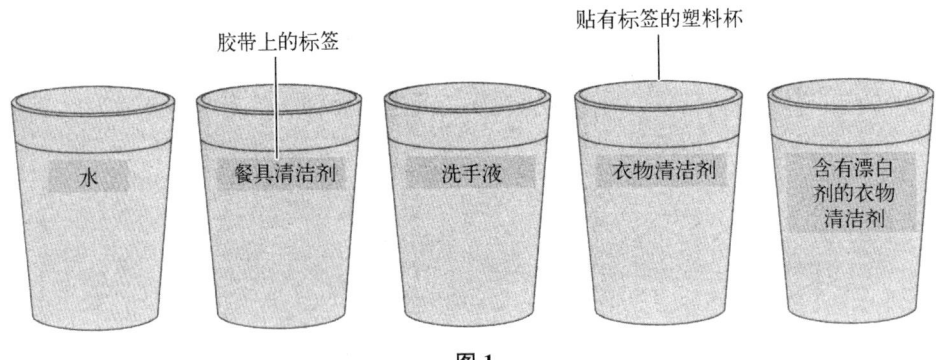

图1

2. 在贴有"水"的塑料杯中加入 1 汤匙(15 毫升)的水。

3. 在另外 4 个贴有标签的塑料杯中加入相应的、待检测的洗手液和各种清洁剂。

4. 在 5 张索引卡的上方标注与塑料杯上标签一致的名字(图2)。

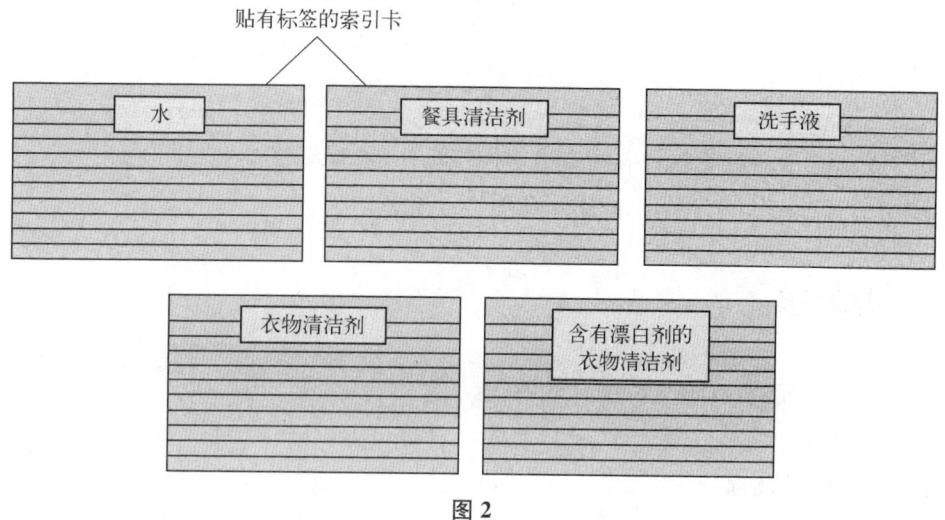

图 2

5. 在标注"水"的索引卡上用唇膏画一个圆圈,将圆圈里的部分涂抹更多的唇膏,使圆圈形成一个相当于 5 角硬币那么大的圆形(图3)。

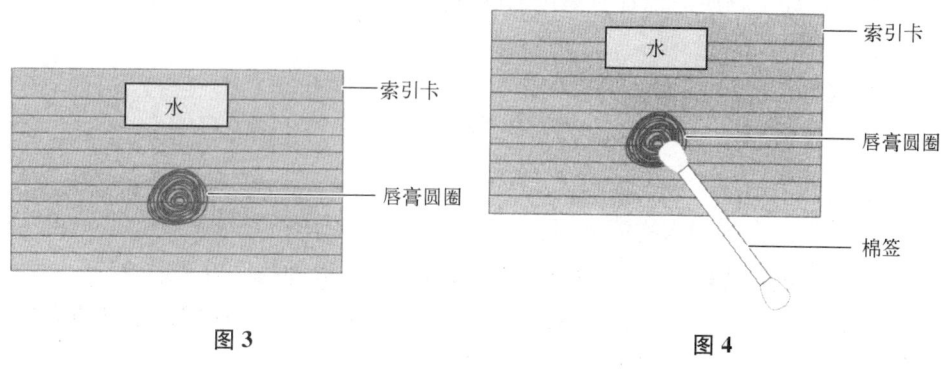

图 3　　　　　　　　　　　图 4

6. 将 1 支棉签的一端在贴有"水"的塑料杯里蘸一下,然后将棉签湿的一端放在标有"水"的索引卡的唇膏圆圈上。

7. 使棉签保持水平,将湿的一端抵在唇膏圆圈上,移动棉签湿的一端在唇膏圆圈上做 20 次圆周运动(图4)。

8. 将棉签放倒在索引卡上的唇膏圆圈旁边(图5)。

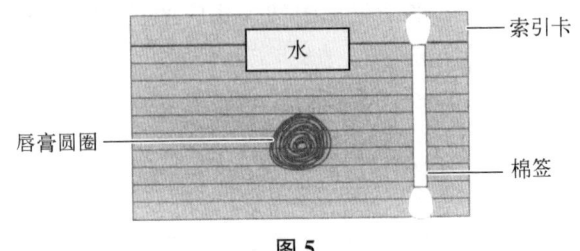

图 5

9. 对其他的物质和相应的索引卡进行操作,重复步骤6—8。
10. 观察索引卡上的唇膏圆圈和棉签。

实验观察

1. 在下面的物质里蘸过的棉签发生了怎样的变化?
① 水。
② 餐具清洁剂。
③ 洗手液。
④ 衣物清洁剂。
⑤ 含有漂白剂的衣物清洁剂。

2. 蘸过如下物质的棉签所擦过的唇膏圆圈发生了怎样的变化?
① 水。
② 餐具清洁剂。
③ 洗手液。
④ 衣物清洁剂。
⑤ 含有漂白剂的衣物清洁剂。

3. 你认为哪种物质在去除唇膏方面效果最好?哪种物质效果最差?

4. 为什么我们在清洗器皿、衣物以及清洁我们自身时要使用清洁剂或者肥皂而不是只使用水?

我们的发现

请参见本书后面附录中的"我们的发现"。

实验 15　制作并观察反泡泡

简 介

我们都听过、看过也制作过泡泡,但是许多人都未曾意识到反泡泡的存在。反泡泡是与泡泡正相反的东西。泡泡是被空气包围的液体薄膜,而反泡泡是被液体包围的空气薄膜。换句话说,反泡泡的内外都是液体,这两部分液体是由一层空气分隔开的。因为气体泡泡比反泡泡轻,反泡泡上升到水的表面需要更长的时间。如果反泡泡内部的液体比外部的液体重,反泡泡就会下沉。

在本实验中,你将制作反泡泡并观察反泡泡的性能。

实验时间

25 分钟

实验材料

- 有流水的厨房洗涤槽
- 干净的大玻璃罐
- 餐具洗涤剂,大约 1/3—1/2 汤匙(5—10 毫升)
- 干净的空胶水瓶,使用前彻底地刷洗
- 长搅拌器

- 梳子
- 5—10滴红色食用色素

安全提示

请仔细阅读并遵守本书前面的"实验前必读"中的"安全准则"。

实验步骤

1. 把玻璃罐放在厨房洗涤槽的水龙头下面。
2. 打开水龙头往玻璃罐里注水,让水溢出玻璃罐。保持水龙头开着的状态,并把水龙头调节到小水量出水的状态(图1)。
3. 在玻璃罐里加入5—10毫升餐具洗涤剂。
4. 搅拌玻璃罐里的水和餐具洗涤剂。
5. 将空的胶水瓶的盖子打开,将玻璃罐里的肥皂水注入胶水瓶里。
6. 将5—10滴红色食用色素滴入胶水瓶里。
7. 轻轻晃动胶水瓶,使红色食用色素均匀扩散。
8. 打开胶水瓶的盖子。
9. 将胶水瓶里几滴肥皂水喷洒到玻璃罐里水的上方(图2)。

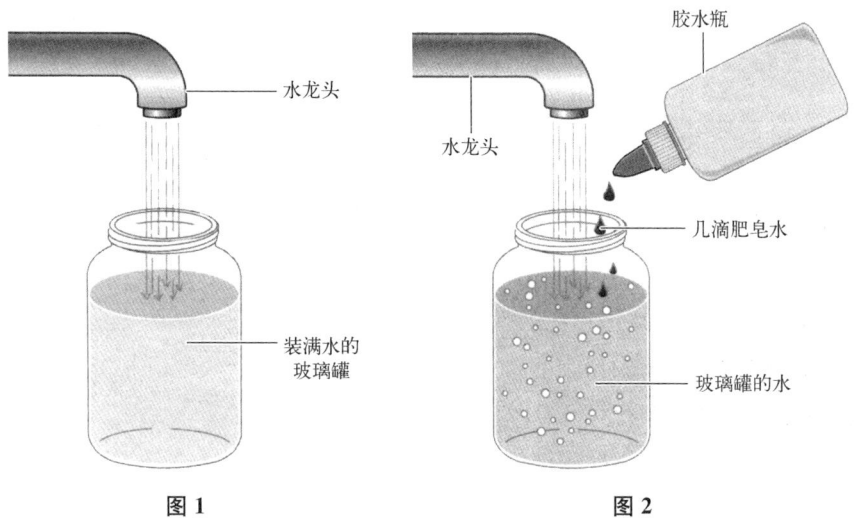

图1　　　　　　　　　图2

10. 观察几滴肥皂水的变化。
11. 用梳子梳头。
12. 将现在带有静电的梳子靠近玻璃罐里那几滴肥皂水,晃动梳子(图3)。

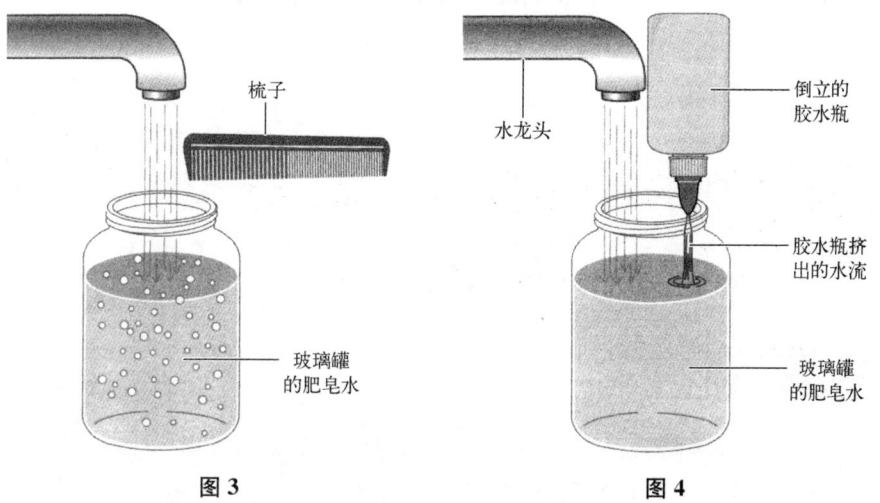

图 3　　　　　　　　　图 4

13. 将胶水瓶倒立,让瓶口正好位于玻璃罐里水的正上方(图4)。
14. 轻轻挤压胶水瓶,力度正好使一滴水流出(图4)。
15. 迅速用力挤压胶水瓶,力度使一股水流流过水滴。
16. 步骤14—15重复4次。
17. 观察形成的反泡泡。

实验观察

1. 泡泡和反泡泡有什么不同?
2. 把红色食用色素加入胶水瓶里的目的是什么?
3. 当你把带静电的梳子靠近几滴肥皂水后,肥皂水会发生怎样的变化?为什么会发生这样的变化?

我们的发现

请参见本书后面附录中的"我们的发现"。

实验 15　制作并观察反泡泡

实验16　使用蒸汽驱动小船

简　介

18世纪，人们将汽船引入美国。19世纪，在美国的航运业和贸易领域，汽船已经完全代替了帆船。后来，燃气涡轮取代了蒸汽驱动的发动机。然而，如今你仍然能在美国的主要河流上看见几艘汽船。大多数情况下，汽船使用蒸汽驱动桨轮。使用蒸汽驱动船只的概念与喷气推进的想法有些类似。如果产生足够大的力，在相反方向就会产生同样大小的反作用力。蒸汽产生的力推动汽船向前航行，而火箭内燃机爆炸所产生的强大力量推动火箭摆脱重力冲向天空。

在本实验中，你将模拟汽船的运行并观察蒸汽是如何驱动物体的。

实验时间

60分钟

实验材料

- 空的金属管，例如装雪茄的金属管
- 软木塞，能盖住金属管开口
- 2个细金属线圈

- 2块放在金属杯里的用于加热食物的蜡烛
- 软木,长20厘米、宽10厘米、高1.3厘米
- 2条胶带
- 锤子
- 3枚钉子,长度大约2.5—4厘米
- 1—2根长火柴
- 尺子
- 钳子
- 剪钳
- 切割工具或者雕刻刀
- 热水(接近沸水温度),水量足够填满金属管
- 注入半缸水的浴缸

安全提示

请仔细阅读并遵守本书前面的"实验前必读"中的"安全准则"。建议在成人的监督下进行实验。要小心使用锋利的工具或者接触锋利的物体。要小心使用点燃的蜡烛或者处理热的液体。

实验步骤

1. 用钉子在软木塞上戳一个洞,然后将钉子拔掉(图1)。

2. 打开金属线圈,量出两段长为46厘米的金属线。如果有必要的话,使用剪钳剪断金属线。

3. 将一根金属线中间部分缠绕在距离金属管两端2.5厘米处,用钳子固定以防止金属管从金属线里滑出(图2)。

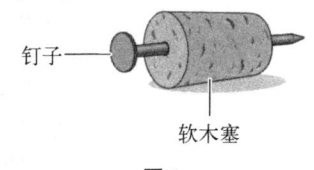

图1

4. 用另一根金属线在金属管的另一端重复步骤3。

5. 将软木刻成船形,让它看起来与图3的形状相似(图3)。

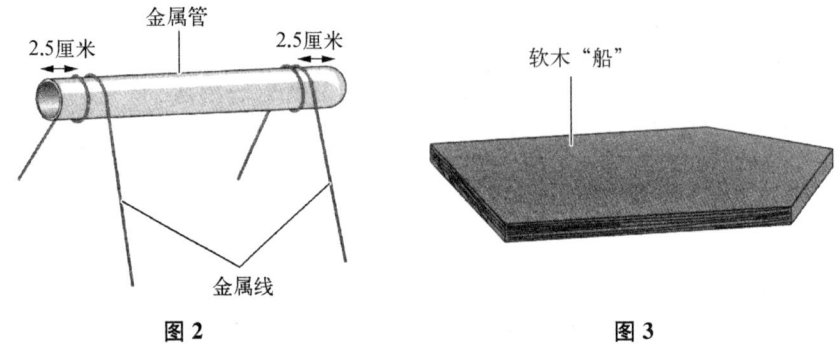

图2　　　　　　　　　　　　图3

6. 在船的一端距离边缘 2.5 厘米处用锤子钉上一枚钉子,将钉子钉入软木中(图4)。

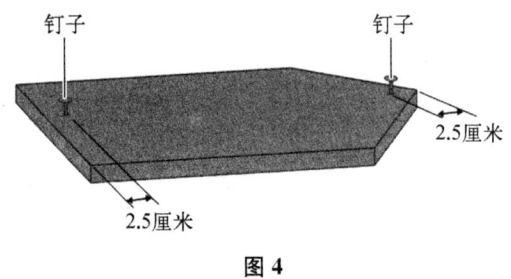

图4

7. 在船的另一端重复步骤 6。
8. 用胶带做出两个小的胶带环。
9. 将两个胶带环粘在两个装有蜡烛的金属杯下。
10. 将两个装有蜡烛的金属杯固定在"船"上,距离船的边缘 3.8 厘米(图5)。

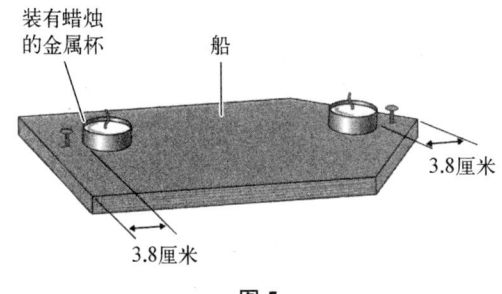

图5

11. 将金属线末端缠绕在船的下方,使金属管固定在船上,金属管悬挂于蜡烛上方1.3厘米处(图6)。

12. 将船下的金属丝绑牢,使船下方的金属丝尽可能平坦。如果有必要的话,用剪钳将多余的金属丝剪去。

13. 小心地将热水注入金属管中,使金属管3/4充满热水,将软木塞塞在管口。水会从软木塞上用钉子戳出的洞中滴出来。

14. 将你的船放在注入半缸水的浴缸中。

15. 小心地点燃两块蜡烛。

16. 观察发生的变化。

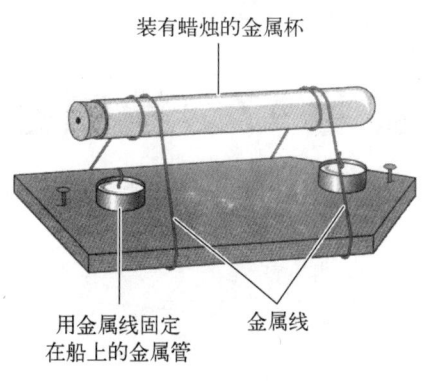

图 6

实验观察

1. 船会发生怎样的变化?
2. 为什么要在软木塞上戳一个洞?
3. 在金属管中注入热水而不是冷水的好处是什么?
4. 怎样用这个实验模仿喷气推进?

我们的发现

请参见本书后面附录中的"我们的发现"。

实验17　检测红外线

简　介

弗雷德里克·威廉·赫歇尔(Frederick William Herschel, 1728—1822)爵士是从德国移民至英国的德籍天文学家,因其自制望远镜并发现了天王星而闻名。在1800年,他取得了重大的发现。他测试了可见光光谱中不同颜色的热量值,发现在光谱中红色部分外侧会产生更多的热量。通过这一项测试,他无意中发现了红外线。如今,我们知道红外线是一种电磁射线,与可见光相比,红外线的波长更长。在科技领域,红外线有很大的应用价值。

在本实验中,你将模拟赫歇尔的实验并且检验红外线的存在。

实验时间

30分钟

实验材料

- 3个酒精温度计
- 等边玻璃棱镜
- 无盖的空纸板盒,例如纸箱

- 无横格的白纸
- 黑漆
- 小油漆刷子
- 阳光充足的户外区域
- 透明胶带
- 几块石头或者砖块
- 钢笔或者铅笔
- 横格纸

安全提示

请仔细阅读并遵守本书前面的"实验前必读"中的"安全准则"。

实验步骤

1. 用小油漆刷子将3个温度计的球体部分涂上黑漆（图1）。让油漆风干。

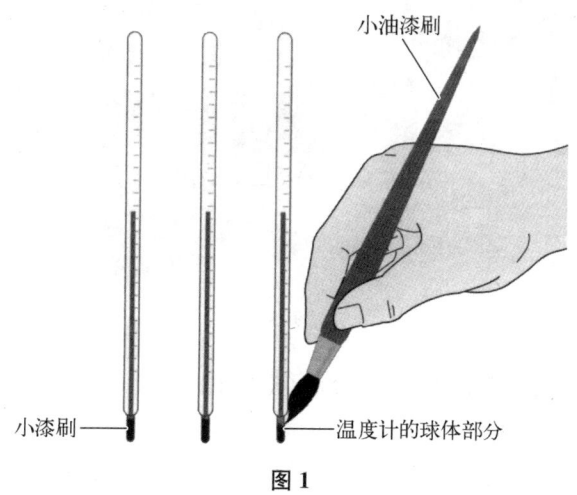

图1

2. 将白纸放在纸板盒里。
3. 将玻璃棱镜用胶带固定在纸板盒内一侧的上部（图2）。

实验17 检测红外线　　63

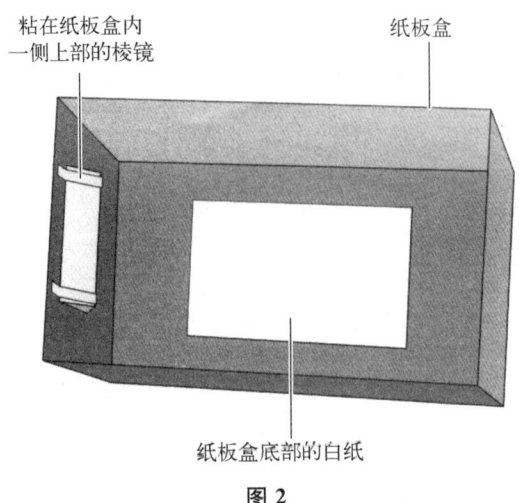

图 2

4. 如果可见光的光谱没有清晰地呈现在纸板盒的白纸上,倾斜纸板盒直到光谱清晰地显现出来。在纸板盒下面放置石头或者砖块,使纸板盒保持适当的倾斜角度(图 3)。

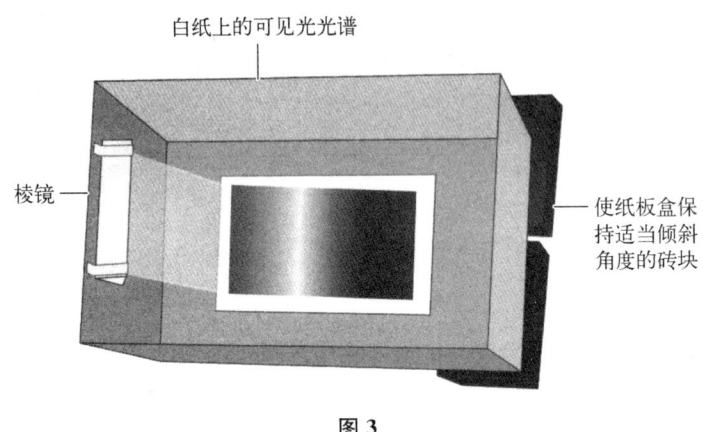

图 3

5. 将 3 个温度计放在纸板盒里没有光照的地方。

6. 5 分钟后,将温度计上显示的温度记录下来。

7. 将 3 个温度计移至白纸上的光谱上,使 1 个温度计的球体部分位于光谱上蓝色的部分,1 个温度计的球体部分位于黄色部分,最后 1 个温度计的球体部分正好位于光谱上没有可见光的红色部分(图 4)。

8. 5 分钟后,将温度计上显示的温度记录下来。

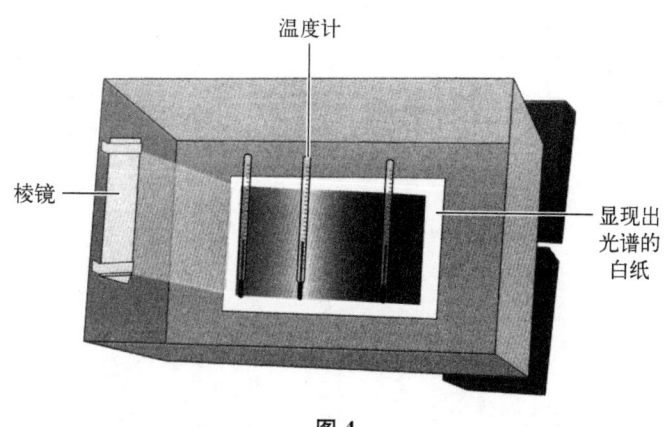

图 4

实验观察

1. 温度计上最初的读数是多少？
2. 温度计被移至光谱处时的读数是多少？
3. 光谱上哪个部分温度最高？这证明了什么？

我们的发现

请参见本书后面附录中的"我们的发现"。

实验18　测定什么颜色的光在雾里最亮

简 介

雾是恐怖电影里不可或缺的元素，这是因为雾模糊了人们的视线，使人们难以看清前方和身后的景象。实际上，雾是贴近地表的烟尘。当空气里的水汽过度饱和时，水汽会凝结下降，从而形成薄雾。这就是雾的形成原理。当你在有雾的天气里开车时，一定要打开车灯照射。打开灯光，别的司机能看到你，你也能看清车前的路况。然而，光有其自身的特性，如亮度、频率以及波长。光的颜色多种多样，在有雾的天气里，一些颜色比其他颜色显得更亮一些，这是由光的特性决定的。

在本实验中，你将气象学与光学相结合，使用测光仪测量不同颜色光的亮度，以此检测在有雾的天气里不同颜色光的光照效果。

实验时间

35分钟

实验材料

- 装有新电池的手电筒
- 没贴标签的玻璃罐

- 足够装满玻璃罐的水
- 牛奶,2 茶匙(10 毫升)
- 边长为 10 厘米的正方形彩色玻璃纸,颜色分别为蓝色、红色、紫色、绿色、橙色和黄色
- 测光仪,可以从无线电用品商店和相机供应品商店等电子产品商店购买
- 黑暗的房间
- 几条透明胶带

安全提示

请仔细阅读并遵守本书前面的"实验前必读"中的"安全准则"。

实验步骤

1. 将玻璃罐装满水。
2. 将牛奶加入水中。
3. 搅拌水和牛奶形成混浊状液体。
4. 将蓝色玻璃纸覆盖在手电筒的透光镜外。如有必要,可以用胶带将手电筒的边缘与玻璃纸粘在一起,固定玻璃纸(图 1)。

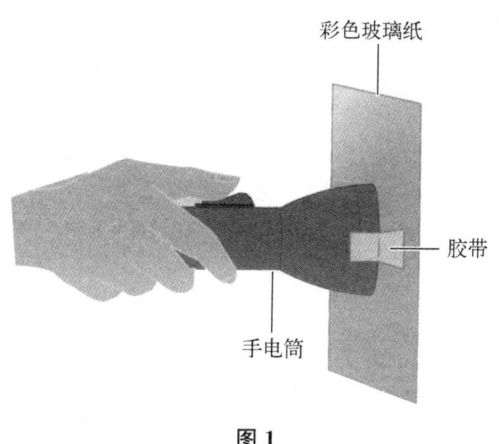

图 1

实验 18　测定什么颜色的光在雾里最亮

5. 将手电筒放在玻璃罐后面。

6. 打开手电筒。

7. 将房间里的灯关掉,只留下手电筒发出的光线。

8. 将测光仪放在与手电筒相对的玻璃罐的另一侧(图2)。

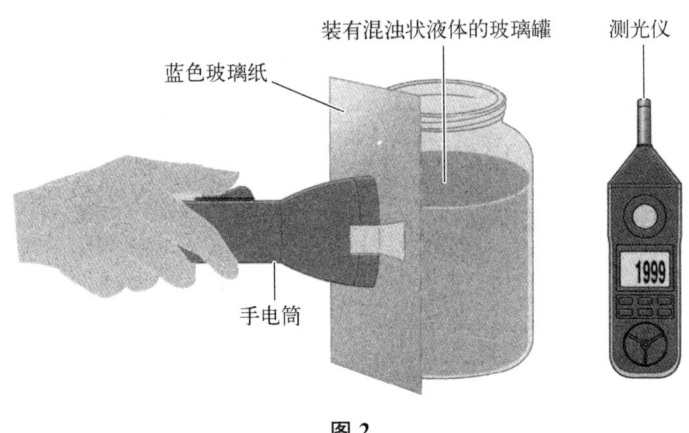

图 2

9. 把测光仪所测出的光的亮度(通常情况下,光的测量单位是流明)记录在数据表上。

10. 使用其他颜色的玻璃纸,重复步骤3—9。

数 据 表

颜　　色	亮　　度
蓝　色	
红　色	
紫　色	
绿　色	
橙　色	
黄　色	

实验观察

1. 在使用测光仪测量亮度时,哪种颜色的亮度值最大?

2. 哪种颜色亮度值最小?

3. 为什么要在水中加入牛奶?

4. 人们在浓雾天气里应该加强安全意识,这一实验给我们提供了哪些有用的信息?

我们的发现

请参见本书后面附录中的"我们的发现"。

实验 19　模拟核反应

简 介

数十年来,人们一直在探索可替代能源。核裂变就是一种可替代能源。在核反应堆里,链式反应能释放巨大的能量,而铀-235(U-235)是链式反应所使用的元素之一。在核反应过程中,铀-235分裂出两个中子。这两个中子击打铀-235其他的原子。被击打的原子发生裂变,释放两个中子,这两个中子使得链式反应的过程得以延续:它们击打其他的铀-235原子,从而使更多的中子被释放出来。然而,人们必须对链式反应加以控制,不能让这一过程无休止地进行下去。所以人们经常在核反应堆里安放控制棒,这些控制棒的材料为镉元素或者硼元素。这两种元素都可以吸收中子。一旦在铀原子里放入控制棒,产生中子的数量就会减少。

在本实验中,你将模拟一个类似铀-235的链式反应,同时也将了解控制棒是如何运作的。

实验时间

25分钟

实验材料

- 尺子
- 大而且平坦的场地
- 35枚多米诺骨牌

安全提示

请仔细阅读并遵守本书前面的"实验前必读"中的"安全准则"。

实验步骤

1. 将10枚多米诺骨牌竖直摆放成一条直线,每枚多米诺骨牌之间的距离为2厘米(图1)。

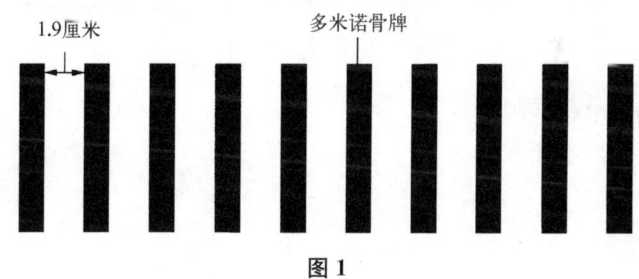

图1

2. 在距离第一排多米诺骨牌30厘米处重复步骤1,将10枚多米诺骨牌竖直摆放成第二条直线。
3. 将15枚多米诺骨牌按图2的模式摆好。
4. 将根据图2摆放的多米诺骨牌阵的最前面第一枚骨牌碰倒。
5. 观察发生了什么变化。
6. 将第一列线形摆放的10枚多米诺骨牌的第一枚骨牌碰倒。
7. 观察发生了什么变化。
8. 在第二列线形摆放的10枚多米诺骨牌的中间放入一把尺子(图3)。

实验19 模拟核反应

模拟核裂变的多米诺骨牌摆放图形的俯视图

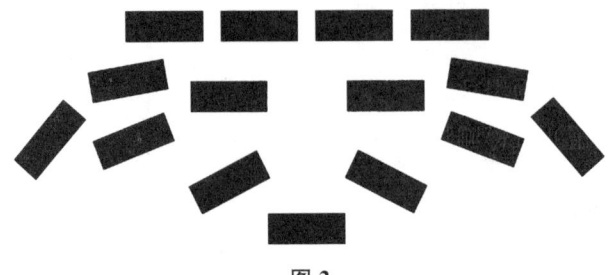

图 2

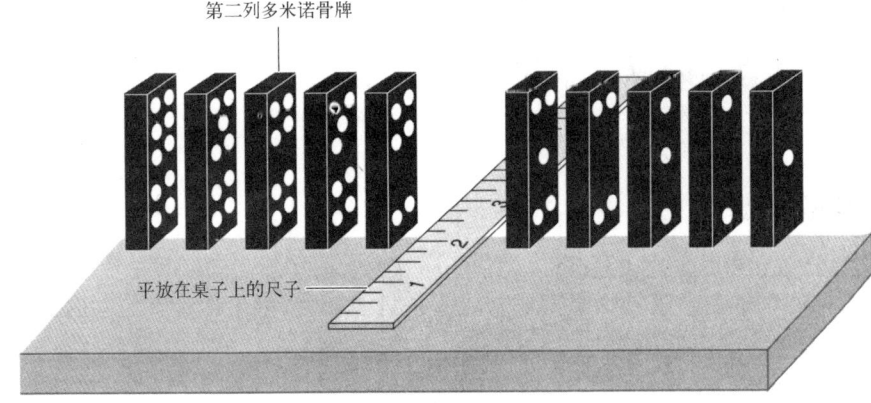

图 3

9. 碰倒第一枚骨牌。
10. 观察发生了什么变化。

实验观察

1. 图 2 中多米诺骨牌的摆放模式是如何模拟铀-235 的核裂变反应的?
2. 当第一枚多米诺骨牌被碰倒时,两列线形摆放的多米诺骨牌的倒塌方式有什么不同?
3. 在模拟核裂变的过程中,尺子代表什么?

我们的发现

请参见本书后面附录中的"我们的发现"。

实验 20　绘制全息图

简　介

综合衍射图,即全息图,是三维的相片图像。全息图是由两张不同角度成像的二维照片经过相互叠加形成的,因此全息图具有立体效果。激光器(英文"Laser"一词是"light amplification by simulated emission of radiation"的首字母缩写形式,其全名为"受激辐射式光频放大器")是用来确保人们使用正确波长的光线形成图像。需要成像的物体应该放在感光片的下方。在物体的侧面和正上方放置两个散射灯,它们发出两道射线,一道射线投射到物体侧面,而另一道射线垂直穿过感光片照射到物体上。这两道射线从两个不同的角度在全息图上留下了影像,从而形成了全息图。

在本实验中,你不需要真正的激光绘制全息图。你将绘制一个同样具有激光三维效果的手绘模拟全息图。

实验时间

45—60 分钟

实验材料

- 树脂玻璃或者纯丙烯酸树脂,至少 50×50 厘米

- 两端带有金属支点的制图仪或者两端带有尖的金属支点的圆规
- 尺子
- 黑色记号笔
- 黑纸
- 有充足阳光的地点

安全提示

请仔细阅读并遵守本书前面的"实验前必读"中的"安全准则"。

实验步骤

1. 在距离树脂玻璃底边边线1.3厘米,左边边线6.4厘米处用黑色记号笔写下你名字的首字母(例如,字母A)。你写的字母大小约2.5—3.8厘米(图1)。

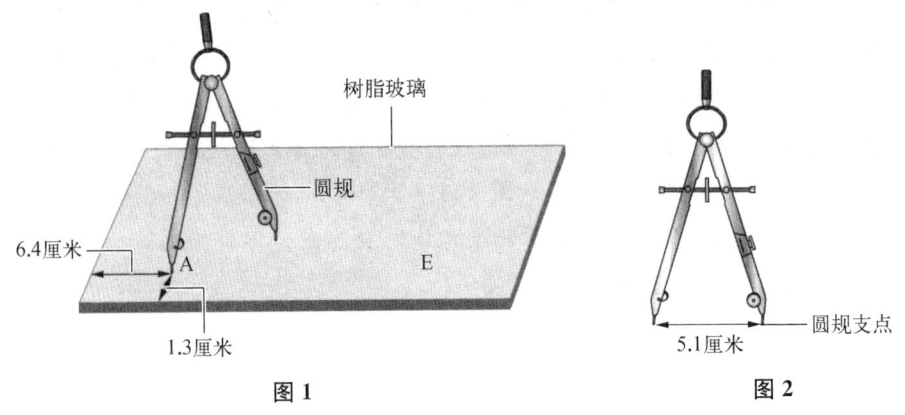

图1　　　　　　　　　　　图2

2. 在距离树脂玻璃底边边线1.3厘米,右边边线6.4厘米处用黑色记号笔写下你姓氏的首字母(例如,字母E)。你写的字母大小约2.5—3.8厘米(图1)。

3. 确定圆规的两端都有尖的金属支点(不是一端带有铅笔的圆规)。

4. 调整圆规,使两个支点之间的距离为5.1厘米(图2)。

5. 将圆规的一个支点固定在名字首字母(例如,字母A)的左下点。

6. 旋转圆规另一支点,在树脂玻璃上画一个半径为 5.1 厘米的弧(图 3)。

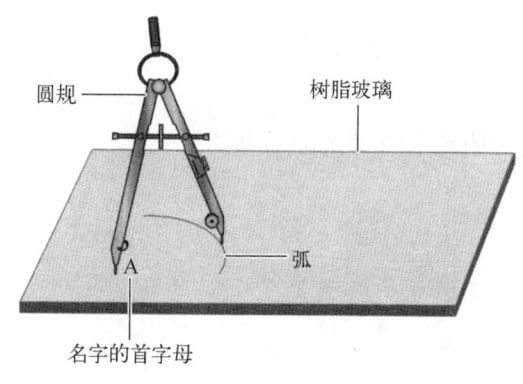

图 3

7. 将固定的圆规支点从原有位置向上移动 0.3 厘米,确保这个支点仍然在这个字母上。

8. 重复步骤 6。

9. 重复步骤 7 和 8,直到圆规的支点到达名字首字母的顶点,这时你在树脂玻璃上已经画出了多个弧形。

10. 将圆规的一个支点固定在姓氏的首字母上(例如,字母 E),重复步骤 5—9。

11. 面向太阳将树脂玻璃水平放在胸前,将字母靠近身体,弧线远离身体。

12. 不断倾斜树脂玻璃来观察弧线,倾斜到适当角度时,阳光正好使得两个首字母嵌入树脂玻璃里——在两个首字母弧线上方 5.1 厘米处。如果你没有看见这两个首字母的话,尝试在树脂玻璃下方放置一张黑纸,并且重复步骤 11 和 12。

13. 将树脂玻璃翻转过来,并且重复步骤 11 和 12。你能够观察到在弧线处首字母呈立体状悬浮在树脂玻璃上方。

实验观察

1. 你能看到模拟的全息图吗?
2. 全息图出现在哪里?
3. 全息图是怎样绘制的?

4. 你还可以绘制什么形状的全息图?

我们的发现

请参见本书后面附录中的"我们的发现"。

附 录

实验环境的设置

本书中的实验都是根据实验时所使用的材料和设备进行分类的,分类如下:

- "学校实验"标题下的实验,使用的设备和材料都只能在实验室中找到。标有"学校实验"的实验必须在教师或成人的监督下进行。
- "家庭实验"标题下的实验所使用的材料都是家中常备或日常使用的东西。这些实验只需要在有人监督的情况下在家中进行。
- 分类在"户外实验"下的实验,既可以在学校进行也可以在家中进行,只需要有成人监督即可。

学校实验

除了实验16"使用蒸汽驱动小船"之外,所有的实验也都可以在实验室里进行。

家里实验

实验1　用黑光灯检测物品
实验2　制作气泡浴球
实验3　测试石膏中使用的液体
实验4　制作晶球

实验5　抛弧线球

实验6　分子穿透气球进行扩散

实验7　检测乳糖酶的溶解速度

实验8　放热反应和吸热反应

实验9　检测花生中的能量

实验10　检测加热对鸡蛋凝结的影响

实验11　使用化学品制作肥皂

实验12　使用厨房化学品制作胶水

实验13　创建磁直线加速器

实验14　检测清洁剂的去除油污效果

实验15　制作并观察反泡泡

实验16　使用蒸汽驱动小船

实验18　测定什么颜色的光在雾里最亮

实验19　模拟核反应

实验20　绘制全息图

户外实验

实验17　检测红外线

我们的发现

实验1　用黑光灯检测物品

1. 是的,它们都发光。
2. 是的,它们都发同一种颜色的光,因为它们都受同一种紫外线的照射。
3. 荧光物体吸收紫外线,然后立即释放出来。

实验2　制作气泡浴球

1. 气泡浴球会在水中冒气泡。
2. 柠檬酸、小苏打和水在反应。
3. 正在产生并且释放二氧化碳。

4. 答案会有所不同,但是可能包括改变芳香品种或者添加食用色素。

实验3　测试石膏中使用的液体

1. 水对石膏变硬起的作用最好。

2. 答案会有所不同,但是很可能是醋对石膏变硬起的作用最差。

3. 答案会有所不同,但是应该包括:石膏必须变硬到适当的坚固性,否则它就会碎裂、出裂缝或者崩裂。它或许也不会完全变干。

4. 化学反应是在石膏粉和液体之间发生的。

实验4　制作晶球

1. 水晶形成了。

2. 不一样。水晶的颜色不同。

3. 答案会有所不同,但是可能包括盐水和糖水。

4. 渗入坚固的熔岩裂缝中的地下水中的矿物质在岩石层中形成水晶。

实验5　抛弧线球

1. 是的,有区别。

2. 球应该沿着曲线路径行进。

3. 因为即使球在旋转时也是在向前行进的,所以在球的一侧,边界层行进的方向与空气环绕球流动的方向相同;但是在球的另一侧,边界层行进的方向与气流的方向正相反。因为两个空气层在以相反的方向行进,所以气流就减慢下来;而在另一侧,两个空气层在以相同的方向行进,所以气流就行进得越来越快,使得球向左或者向右偏转行进。

4. 答案会有所不同,但是可能包括投掷垒球或者棒球。

实验6　分子穿透气球进行扩散

1. 答案会有所不同。

2. 如果你在杯子里闻到它们的气味,那么它们就扩散到杯子里了。

3. 因为气味被传递到了杯子,气味的产生是由于物质的分子穿透气球扩散到了杯子上。

4. 气球并不完全是固体,它有我们用肉眼看不到的微小的开孔。

实验7　检测乳糖酶的溶解速度

1. 使用37℃水温的水做实验是因为这是人体的正常体温,所以会模拟人体的状况。
2. 答案会有所不同。
3. 如果片剂溶化速度较快,它会提供人体较快的缓解。
4. 根据实验的结果,答案会有所不同。
5. 答案会有所不同,但是很可能会推荐溶化速度最快的那个品牌。

实验8　放热反应和吸热反应

1. 过氧化氢和酵母反应是放热反应,因为温度上升了。
2. 小苏打和醋反应是吸热反应,因为温度下降了。
3. 过氧化氢和酵母反应释放能量。
4. 小苏打和醋反应吸收能量。

实验9　检测花生中的能量

1. 水的温度升高了。
2. 花生中释放了能量。
3. 水的温度升得更高。
4. 答案会有所不同,但是可能包括计算花生的大小。
5. 我们知道花生中储存着能量是因为花生释放的能量加热了水。

实验10　检测加热对鸡蛋凝结的影响

1. 加热前,鸡蛋呈液体状态,明显能看出蛋清。加热后,鸡蛋呈固体状态,蛋清变成了白色。
2. 答案会有所不同,但是可能是使用2个鸡蛋的方法制作出的蛋奶糕密度最佳。
3. 答案会有所不同,但是可能是烘烤盘中有水的方法制作出的蛋奶糕质地最佳。使用水,烹饪的温度会平缓地上升。
4. 含有2个鸡蛋的那种方法。
5. 答案会有所不同,但是可能是使用1个鸡蛋的任何一种方法。

6. 不会的,鸡蛋不会变硬到适当的密度的。加热会使鸡蛋中的蛋白质发生变性和凝结。

实验11　使用化学品制作肥皂

① 最初的原材料主要是液体,但是最后的成品是固体。
② 肥皂实际上是由钠盐和能够溶解灰尘和油污的脂肪酸制成的。
③ 盐可溶于水。
④ 答案会有所不同,但是可能包括芳香精油和食用色素。

实验12　使用厨房化学品制作胶水

1. 剩余的物质是水。
2. 醋是一种酸,小苏打是一种碱。
3. 它们使蛋白质变性和凝结。
4. 蛋白质首先形成沉淀物,这样就能从液体中分离出来了。

实验13　创建磁直线加速器

1. 动量被传递到了磁铁另一端的球上。
2. 当每一个钢球击中相继的磁铁时,球的运动速度增加,动量传递到下一个球上。
3. 它猛冲过尺子的末端。
4. 最后一个球积聚了前面几个球所传递的所有能量。

实验14　检测清洁剂的去除油污效果

1. 答案会有所不同。
2. 答案会有所不同。
3. 答案会有所不同。
4. 因为清洁剂含有使水和油相混合的乳化剂,油污就可以从被清洗的物品表面分离出来。

实验15　制作并观察反泡泡

1. 泡泡是被空气包围的液体薄膜,而反泡泡是被液体包围的空气薄膜。

2. 红色食用色素加入胶水瓶里是为了更容易看清楚反泡泡。

3. 静电使得几滴肥皂水爆开。静电使得反泡泡中的水带了电,吸引其下面的水,使其爆开。

实验16　使用蒸汽驱动小船

1. 船移动了。

2. 为了制造散发热量的通道。

3. 这会提高水的加热速度,因为这样不必从完全冷的温度开始加热。

4. 喷气推进的运作原理与之类似:每一种作用力都会在相反方向产生同样大小的反作用力。如果产生了作用力,就会推动物体向前行进。

实验17　检测红外线

1. 答案会有所不同。

2. 答案会有所不同。

3. 答案会有所不同,但是应该是光谱中红色部分外侧的温度最高。这证明了除了光谱所包含的所见光部分外,还存在着其他光线,这正是光谱中红色部分外侧的光线,被称作红外线。

实验18　测定什么颜色的光在雾里最亮

1. 答案会有所不同,但是可能是黄色或者红色最亮。

2. 答案会有所不同,但是可能是蓝色最不亮。

3. 在水中加入牛奶是为了使液体变混浊,以此来模拟雾。

4. 答案会有所不同,但是可能包括汽车应该安装能够照射某一特定颜色光亮的雾灯。道路上的交通安全灯应该能够照射出很容易在雾中被看到的某一特定颜色的光亮。

实验19　模拟核反应

1. 铀-235发生裂变,2个中子被分裂出来。这2个中子击打另外2个铀-235原子。被击打的2个铀-235原子发生裂变,各释放2个中子,这4个中子击打更多的铀-235原子,使得链式反应的过程得以延续。

2. 并不是所有的多米诺骨牌都倒塌了,中间放入尺子的那列多米诺骨牌没倒。

3. 尺子代表控制棒。

实验 20　绘制全息图

1. 答案会有所不同,但是应该是能看到。
2. 全息图似乎出现在玻璃的上方。
3. 它们通常是用激光绘制的。
4. 答案会有所不同。